PUBLICATIONS DE LA SOCIÉTÉ « LA SABRETACHE »

LA
DÉFENSE DE TORGAU

EN 1813

PAR

FERNAND LE PLOGE

AVEC UNE PLANCHE HORS TEXTE

LIBRAIRIE MILITAIRE BERGER-LEVRAULT ET Cie

Éditeurs du « Carnet de la Sabretache »

PARIS	NANCY
5, RUE DES BEAUX-ARTS	18. RUE DES GLACIS

1896

L A

DÉFENSE DE TORGAU

EN 1813

NANCY. — IMPRIMERIE BERGER-LEVRAULT ET Cie.

PUBLICATIONS DE LA SOCIÉTÉ « LA SABRETACHE »

LA

DÉFENSE DE TORGAU

EN 1813

PAR

FERNAND LE PLOGE

AVEC UNE PLANCHE HORS TEXTE

LIBRAIRIE MILITAIRE BERGER-LEVRAULT ET Cⁱᵉ

Éditeurs du « Carnet de la Sabretache »

PARIS | NANCY
5, RUE DES BEAUX-ARTS | 18, RUE DES GLACIS

1896

DÉFENSE DE TORGAU

EN 1813

Parmi les faits de guerre glorieux qui marquent la résistance de nos troupes à l'Europe coalisée en 1813, il faut citer la défense de Torgau par une garnison française sous les ordres du comte de Narbonne, remplacé bientôt par le comte Dutaillis, et secondé par les généraux baron Durrieu, Brun de Villeret et Bouchu, contre le corps prussien du général Tauentzien.

On sait quelle importance stratégique avait dans l'esprit de l'Empereur la défense de toutes les places du nord et du centre de l'Allemagne, au point de vue de la conservation de nos conquêtes. Ces forteresses avaient été munies de fortes garnisons de façon à permettre à la Grande-Armée d'évoluer autour d'elles, tout en y trouvant une base d'opérations. A ce moment de la campagne, en octobre 1813, Torgau avec Wittemberg et Magdebourg, placées sur la ligne de l'Elbe, servait de point d'appui aux opérations de l'armée française.

Aussi avons-nous cru intéressant de présenter aux lecteurs qui s'intéressent aux campagnes de l'Empire une série de correspondances inédites sur ce siège mémorable.

Bien que la défense des ouvrages extérieurs de Torgau se lie intimement au plan de défense générale de la ville, nous insisterons spécialement sur l'attaque de ces ouvrages, les forts Zinna, Mahla et la lunette Repitz, parce que c'est contre les fortifications extérieures que l'effort principal des assaillants se porta en 1813.

L'officier qui fut chargé de la défense des forts, le général Durrieu, montra dans l'accomplissement de cette mission un énergie et une capacité remarquables. Il en fut récompensé plus tard par le titre de baron de l'Empire. Les documents qui nous ont servi dans cette notice proviennent de la famille du général, et sont inédits. On y verra ce que peut faire une garnison peu nombreuse, mal approvisionnée et de plus éprouvée par la maladie, lorsqu'elle est soutenue par sa confiance dans la valeur de son chef.

Nous suivrons les événements intéressant Torgau qui se sont produits entre le 1ᵉʳ octobre 1813 et le 10 janvier 1814, jour auquel la garnison sortit de la ville avec les honneurs de la guerre.

Dans la première partie, seront examinés les événements qui précèdent l'investissement de la ville ; dans la deuxième partie les faits relatifs à l'attaque et à la défense de Torgau après l'investissement. Enfin la troisième partie comprendra la fin du siège et les événements consécutifs à la capitulation.

PREMIÈRE PARTIE

ÉVÉNEMENTS QUI PRÉCÈDENT L'INVESTISSEMENT DE TORGAU

—

Au moment du blocus de la place, en 1813, les fortifications de Torgau n'étaient pas encore terminées, car le roi de Saxe n'avait fait commencer les travaux de la nouvelle enceinte qu'en mars 1811, à l'instigation de Napoléon, et on ne prévoyait pas que cette ville aurait si tôt à soutenir un siège.

L'enceinte de la place consistait en sept fronts bastionnés et une gorge de l'étendue de deux fronts, couverte par l'Elbe, qui coule devant la ville. Le côté du front était de 350 mètres et il y avait un certain nombre de cavaliers et de demi-lunes pour les couvrir.

En octobre 1813, les fossés de la place n'étaient pas revêtus encore, et faute de maçonnerie, il fallut les approfondir et les remplir d'eau tirée d'un étang voisin. Torgau est bâtie dans une plaine sablonneuse, sur la rive gauche de l'Elbe, et du côté sud les abords en sont défendus par une ligne d'étangs, qui empêche l'attaque des fronts bastionnés situés dans cette direction. Le Gross-Teich (grand étang) a pour l'écoulement de ses eaux un débouché dans un canal appelé Schwarz-Wasser (eau noire) qui va se jeter dans l'Elbe près du village de Repitz. Près des écluses du grand étang, se trouvait un poste destiné à défendre l'entrée du déversoir dans le Schwarz-Wasser et qu'on nommait poste de la *Scierie*.

Les forts Zinna et Mahla étaient situés sur un rideau de terrain assez prononcé vers le nord-ouest, et formant avec la lunette Repitz et la lunette Loswig, la défense de la rive gauche.

Le fort Zinna, à 1,000 mètres du corps de place, était un carré bastionné de 250 mètres de côté, couvert par deux demi-lunes sur les fronts qui ne pouvaient être flanqués par la place.

Le fort Mahla, à 750 mètres du fort Zinna, avait la forme d'un bonnet de prêtre dont le front avait 240 mètres de largeur, et les branches 60 mètres. La gorge était bastionnée, mais sans parapet.

La lunette Repitz, à 600 mètres de la place, complétait la défense du côté de l'Elbe, au nord-ouest en aval, et la lunette Loswig défendait l'accès de la rivière en amont.

Sur la rive droite se trouvait la lunette Werda, en amont, et la lunette Zwethau, en aval, qui défendaient les approches de la tête de pont du côté de l'Elbe ; cette tête de pont formait une couronne composée de 3 fronts bastionnés.

Torgau était reliée à la tête de pont par un pont de bois fermé par un pont-levis au milieu de sa longueur. La ville n'avait que 5,000 habitants, groupés dans 550 maisons qui couvraient tout l'espace entouré par l'enceinte bastionnée.

Depuis mai 1813, après la bataille de Lutzen, la place de Torgau était occupée par des troupes westphaliennes et saxonnes, sous les ordres du comte Lauer, général hollandais. Après la bataille de Dennewitz, le maréchal Ney passe à Torgau et remplace le général Lauer par le général Brun de Villeret ; puis le 14 octobre le comte de Narbonne, ancien ministre de la guerre de Louis XVI, aide de camp de l'Empereur, arrive comme gouverneur de la place. Torgau devient alors le dépôt central de l'armée, et les services de l'artillerie et du génie sont transférés des mains des officiers saxons à celles des officiers français. En même temps, le général Brun prend le commandement des troupes faisant le service de la place. On établit des hôpitaux pour 6,000 malades ou blessés, dans tous les bâtiments susceptibles de recevoir cette affectation, et on fait évacuer 80 maisons par leurs habitants pour suppléer au manque de locaux pour loger les malades.

Le maréchal Ney, en quittant la place, avait emmené avec lui tous les hommes valides et n'avait laissé que des soldats convalescents et malingres qui furent répartis en 8 bataillons provisoires.

On construisit une forte estacade pour arrêter les brûlots qui, en menaçant le front de l'Elbe, auraient pu empêcher la communication entre la ville et la tête de pont.

De plus on s'occupa de fraiser et de palissader le front bastionné du côté de l'ennemi dans la tête de pont, et on construisit dans l'intérieur de l'ouvrage deux blockhaus en pierres sèches, adossés à la gorge et crénelés, pour mettre à l'abri une partie de la garnison et faciliter la retraite des défenseurs en cas d'évacuation forcée.

On fit aussi palissader les lunettes Zwethau et Werda, et construire des abris en charpente.

Au fort Zinna on dégagea tous les abords des couverts qui auraient permis l'accès de cet ouvrage, on fit palissader le chemin couvert qui reliait le fort Zinna à la ville et établir des caponnières en palissades pour communiquer avec les demi-lunes.

Le poste de la Scierie, couvrant la prise d'eau du Schwarz-Wasser, fut transformé en blockhaus avec épaulement pour une pièce d'artillerie et des abris pour 150 hommes.

On fit les travaux nécessaires pour mettre le corps de place en état de défense, en épaississant les parapets, en terminant les portes et poternes et en faisant des ponts-levis et barrières et approfondissant les fossés.

Après la bataille de Dennewitz, un corps prussien commandé par le général Wobeser vint couper les communications avec la rive droite, et inquiéter les convois venant de Dresde par eau; le 1er octobre, le gouverneur fit tirer sur le village de Kreischau, qui masquait la position de l'ennemi. Le 5 octobre, les ennemis occupent par des avant-postes les villages de Zinna et de Welsau, devant les forts, et on fait rentrer dans Torgau les meilleurs chevaux du haras de Repitz et le foin qui s'y trouvait en magasin.

Le général de Narbonne considère alors la place comme investie et prévient les magistrats de la ville qu'ils auront à lui rendre compte de leurs actes dans l'intérêt de la défense, et prescrit les mesures nécessaires pour assurer les soins à donner aux blessés et malades.

Dès le 10 octobre, les convois par eau n'arrivent plus à Torgau, et sont arrêtés par l'artillerie ennemie, les faibles détachements qui escortaient les bateaux ne suffisant plus à les défendre.

Le 13 octobre, l'Empereur, quittant Duben pour revenir sur Leipzig, avait donné l'ordre à l'équipage de pont, aux pièces d'artillerie et du génie, et au grand quartier général administratif, sous les ordres du général Durrieu, de se rendre à Eilenbourg, sur la Mulde, entre Leipzig et Torgau, à peu près à égale distance de ces deux villes. Le général Durrieu devait rejoindre la Grande-Armée dès qu'il en recevrait l'ordre. Après la bataille de Leipzig, se trouvant coupé, il se replie sur Torgau avec ses parcs, et avec l'acquiescement du gouverneur comte de Narbonne. Arrivé à Torgau 1,000 Bavarois composant l'arrière-garde l'abandonnèrent, et le général Durrieu prit position le 19 octobre entre le fort Zinna et le grand étang avec 6,700 hommes, 2,500 chevaux et 540 voitures. Il y avait à cette date à Torgau 18,000 hommes (dont 7,400 blessés ou malades), ce qui donne un total de 24,700 hommes enfermés dans la place et affectés au service des forts.

Le général Durrieu amenait un renfort de troupes d'artillerie et du génie, 2 bataillons d'ouvriers militaires de la marine, 2 bataillons des équipages militaires, et un nombre considérable d'officiers supérieurs et autres d'administration. L'inspecteur général du service de santé Desgenettes et le commissaire ordonnateur en chef Lamartillière accompagnaient ces convois.

Le parc d'artillerie était commandé par le général Bouchu, et le parc du génie par le major Finot, qui rendront tous deux de grands services dans la défense de la place.

Le général de division comte Dutaillis, qui se trouvait à Eilenbourg, est rejeté dans la place ainsi que le colonel du génie Bernard, aide de camp de l'Empereur, dont la jambe s'était brisée dans une chute de cheval, près de Zittau en Saxe.

Nous donnons ici quelques extraits de la correspondance du général Durrieu avec le comte de Narbonne et le général Maillot. Il sera facile d'y trouver les raisons qui ont déterminé le général Durrieu à se replier avec ses parcs et équipages d'Eilenbourg sur Torgau, au lieu de se porter vers Leipzig, dont il était séparé par l'armée des alliés.

Le général Durrieu au comte de Narbonne, gouverneur de Torgau.

Eilenbourg, 17 octobre 1813.

Mon Général,

J'ai l'honneur de vous rendre compte que j'occupe Eilenbourg avec les parcs de l'armée, environ 3,000 combattants et 6 pièces de canon. Ce matin j'ai reçu l'ordre de porter le grand quartier général à Wurtzen. On ne savait pas sans doute qu'on s'y était battu hier. Cependant je me suis mis en marche, mais j'ai arrêté la tête de ma colonne à Thalwitz. J'ai envoyé un bataillon reconnaître Wurtzen, il a rencontré des cosaques et des cavaliers autrichiens ; il les a chassés jusqu'à l'entrée des faubourgs de Wurtzen, d'où sont sortis un millier d'hommes d'infanterie ; le bataillon s'est alors replié. Les paysans prétendent qu'il y a à Wurtzen un corps autrichien. Je n'ai pas cru prudent de m'engager avec tant de voitures et de déloger l'ennemi. Je campe sur la rive droite devant Eilenbourg. J'ai envoyé un détachement de 150 hommes pour m'assurer que mon rapport parviendrait au prince de la Moscowa, qui ce matin était à Schonfeld, près de Leipzig.

On aperçoit ce soir des bivouacs ennemis tout autour de nous ; je ne serais pas surpris que l'ennemi fît demain quelque tentative sur Eilenbourg ; je manque de cavaliers pour m'éclairer. J'apprends que le pont de Duben n'est pas gardé ; cela m'a surpris autant que l'abandon de celui de Wurtzen.

Je n'ai aucune nouvelle de l'armée.

J'entends le canon depuis hier dans la direction de Leipzig. Les nouvelles d'hier sont que les ailes droites respectives ont beaucoup souffert et que l'ennemi avait perdu une partie de ses positions. Le 7ᵉ corps est arrivé ici hier soir de Duben, et reparti dans la nuit pour Leipzig.

Je crains que quelque officier porteur d'ordres pour moi n'ait été pris. Général DURRIEU.

Le général Durrieu au comte de Narbonne.

Eilenbourg, 18 octobre, 2 heures du matin.

Mon Général,

Au moment où je vous écris le détachement de 150 hommes que j'avais envoyé à Leipzig revient et rapporte qu'il n'a pu passer à Taucha qui est fortement occupé par l'ennemi. Je n'ose quitter ma position et me rapprocher de Torgau, parce qu'il pourrait être fort préjudiciable d'abandonner le point que j'occupe. Je ne puis envoyer les voitures à Torgau parce que je n'ai pas assez de forces pour les faire escorter et garder, ayant besoin de tous mes combattants pour défendre Eilenbourg.

Si Votre Excellence peut m'envoyer quelques secours, je n'en attends plus de Leipzig.

Général DURRIEU.

Le général Durrieu au comte de Narbonne.

Eilenbourg, 18 ocobre, midi.

Mon Général,

Je n'ai aucune nouvelle de l'armée. On entend encore le canon dans la direction de Leipzig. J'envoie 300 hommes vers Taucha pour essayer de passer jusqu'à Leipzig. J'en envoie 300 autres vers Modhresna pour donner de mes nouvelles à Votre Excellence. Si je me voyais pressé à Eilenbourg, je crois qu'il conviendrait de me rapprocher de Torgau et de m'appuyer sur cette place. La position d'Eilenbourg me paraissant très importante, je retarde autant que je le puis.

Je désirerais que Votre Excellence daignât me donner ses conseils et même ses ordres puisque je suis privé de toute communication avec l'armée.

Général DURRIEU.

Ces lettres sont pressantes, le comte de Narbonne y répond immédiatement en autorisant le général à se retirer sur Torgau.

Le comte de Narbonne au général Durrieu.

Torgau, 18 octobre 1813.

J'ai reçu il y a une heure vos deux lettres, mon Général; selon votre très juste désir, j'envoie un détachement au point que vous m'indiquez avec l'ordre à l'officier qui le commande de se mettre en communication avec vous. Vous voudrez bien le ramener, si les circonstances vous obligent à vous retirer sur Torgau. Je me recommande instamment à vous pour me faire parvenir toutes les nouvelles qui vous arrivent.

Général comte de NARBONNE.

Le général Durrieu au comte de Narbonne.

Au bivouac devant Eilenbourg, 18 octobre 1813.

Monsieur le Comte,

Il y a deux heures, j'ai chargé mon aide de camp de conduire à Votre Excellence un parlementaire russe, se disant envoyé par le prince royal de Suède. Le détachement que j'ai envoyé sur Taucha l'a rencontré à une lieue, et le chef de cette troupe a cru devoir rétrograder. J'ai renvoyé de suite ce détachement et lui ait prescrit plus fortement encore de pousser jusqu'à Leipzig. N'ayant point entendu de fusillade, j'espère qu'il a pu passer.

Voyant de toute part les fumées ennemies et approuvé par les généraux Dutaillis et Bouchu, je donne des ordres de mouvement pour me rapprocher de Torgau. Je ne crois pas que ce parlementaire soit envoyé par le prince royal de Suède ; il paraît fort embarrassé ; il a dit à l'officier qui l'a reçu que notre Empereur était blessé et tous nos corps d'armée détruits.

Je me propose de prendre position à Modhresna pour m'éloigner le moins possible. Vers 3 heures, il est arrivé un hussard saxon qui s'est sauvé seul d'une escorte de 10 hommes qui accompagnait un officier porteur de dépêches. Ces cavaliers avaient été arrêtés par 100 cosaques, mais n'avaient pas trouvé d'infanterie ennemie sur la route. La prise de ces dépêches a dû donner l'idée de m'envoyer un parlementaire, car l'officier russe m'a appelé par mon nom et m'a parlé de mes parcs.

Général DURRIEU.

Le général Durrieu au comte de Narbonne.

Modhresna, 19 octobre.

Mon Général,

Je vous envoie la lettre que je reçois d'Eilenbourg. N'ayant aucune nouvelle de l'armée, je ne suis plus en sûreté ici. Les trois lieues qui me séparent de Torgau sont difficiles à franchir avec cette quantité de voitures. Je me porte à une lieue de Torgau, en avant de Grafendorf. Je ferai des carrés de voitures et la place sera à même de protéger ce matériel. J'envoie de suite à Torgau le trésor et les caissons de vivres.

Général Durrieu.

Voici en même temps une lettre pressante du général Maillot, commandant les troupes saxonnes, au général Durrieu, pour l'avertir de l'inutilité de ses efforts pour percer les lignes de l'ennemi vers Leipzig, et lui demander de l'autoriser à se replier sur Torgau.

Le général Maillot au général Durrieu.

Eilenbourg, 19 octobre 1813.

Mon Général,

Vous vous rappelez que j'ai envoyé, il y a deux jours, un officier intelligent, le capitaine Dellet, à Wurtzen, pour reconnaître si l'ennemi l'occupait. Le postillon qui était avec lui rentre dans ce moment, escorté par deux cosaques, et me rapporte la lettre ci-jointe du général russe Brendel. Le capitaine Dellet a été pris et dirigé sur Leipzig. Toute canonnade a cessé, il paraît donc certain que le corps qui voulait nous rejoindre n'a pu réussir.

Il m'est impossible d'envoyer encore un officier en parlementaire en ayant déjà perdu deux et ayant très peu d'officiers avec moi. Il est de mon devoir de vous faire observer que je n'ai que trois faibles bataillons avec moi, dont le plus fort a 240 hommes. Dans le cas d'une attaque, je me trouve hors d'état de garder la position sur la route de Leipzig. Je serai forcé absolument de me borner à la défense de la ville. Serez-vous en mesure de me délivrer ? Mon monde est épuisé de fatigue. Ne serait-il pas plus prudent de me replier sur Torgau ? Je pourrais contribuer ainsi à la défense de la place, et ne risquerais point de me compromettre.

Dans ce moment une forte ligne de cavalerie de près de 500 chevaux se présente. Je me repose donc sur votre avis, mon Général, pour quitter, à la faveur de la nuit, une position que je ne crois pas tenable, et je vous prie de me faire une réponse catégorique par le porteur.

Général Maillot.

Le comte de Narbonne, en réponse à la lettre du général Durrieu, qui lui annonce l'envoi d'un parlementaire, ne dissimule pas l'inquiétude que lui cause la rupture des communications avec la Grande-Armée, et l'isolement dans lequel il va se trouver dans Torgau. Il lui conseille d'envoyer dans cette ville les papiers, trésor et subsistances qui pourraient l'encombrer, et mentionne la pénurie de fourrage qui règne dans Torgau.

Le comte de Narbonne au général Durrieu.

Torgau, 19 octobre 1813.

Je garde, Général, le parlementaire que vous m'avez envoyé, et quoique je n'attache pas une grande importance à tout ce qu'il rapporte, avec des contradictions aussi palpables, je ne peux pas ne pas avoir beaucoup d'inquiétude sur notre position.

Puisque vous voulez bien me demander conseil, je me fais un devoir de vous dire exactement ce que je pense. D'abord j'approuve, on ne saurait davantage, qu'à tout prix vous cherchiez à vous procurer des nouvelles de Leipzig, et que vous poussiez des reconnaissances aussi loin que possible sur ce point. Je suis également d'avis que vous faites très bien de vous rapprocher de Modhresna, et d'y prendre position, tout prêt à faire marcher sur-le-champ tout ce qui tient à l'approvisionnement d'artillerie. Mais ne ferez-vous pas bien de nous envoyer de suite, pendant que nos communications sont encore libres, ce que vous avez de plus précieux comme papiers, trésor et subsistances ? Cela allégera votre train, et mettra ces objets plus en sûreté. Mais ce dont je dois vous prévenir, c'est l'impossibilité absolue que j'ai de nourrir un seul cheval, et par conséquent de garder de la cavalerie dans la place. Il faut donc que vous cherchiez à vous maintenir aux environs, de manière à pouvoir faire des fourrages.

Quelque flatté que je puisse être d'avoir sous mes ordres un officier comme vous, mon Général, je ne prends pas sur moi de vous prescrire les miens, surtout ignorant aussi complètement la situation de l'Empereur dont nous sommes si accoutumés de tout attendre. Mais vous me trouverez prêt à coopérer à tout instant avec vous pour tout ce que vous pourrez croire utile.

Je vous envoie la déclaration faite par ce prétendu parlementaire que nous soupçonnons pouvoir très bien s'être donné ce titre pour ne pas être fait prisonnier par le détachement qui l'a rencontré. Ne pouvez-vous pas envoyer vous-même un officier pour savoir si c'est réellement un parlementaire, et par là apprendre peut-être quelque chose. Donnez-moi de vos nouvelles surtout, je vous en prie.

Le Gouverneur,
Comte de NARBONNE.

Voici la note remise par le parlementaire au général Durrieu et à laquelle il est fait allusion dans la lettre précédente du comte de Narbonne.

« Je suis envoyé par ordre du prince royal de Suède, par le gé-
« néral Levenheim, à Eilenbourg, pour dire au général qui y
« commande de se rendre, qu'il est coupé, et ne peut avoir au-
« cune communication avec l'armée française. »

Capitaine GUIRUSSINE,
Adjudant de la 24ᵉ division.

Le général Durrieu ayant pris la résolution de se rendre à Torgau, pour y mettre à l'abri les parcs de l'armée dont il avait le commandement, se rapproche de la ville, et avertit le comte de Narbonne de son arrivée sous le canon de la ville. Il s'établit entre le grand étang et le fort Zinna, et sur l'ordre du gouverneur, fait cantonner l'officier commandant le parc saxon à Odenheim, avec sa troupe, mais après avoir laissé dans la ville tout le matériel de ce parc. Le général rend compte au major général de l'armée des derniers événements et des dispositions prises pour y remédier le mieux possible.

Le général Durrieu au major général.

Torgau, 24 octobre 1813.

Monseigneur,

Le 19 de ce mois je suis arrivé sous le canon de Torgau. Le comte de Narbonne a approuvé le parti que j'avais pris. Les malheurs que nous avons appris justifient ma conduite dans cette circonstance difficile. J'ai au moins évité d'augmenter les trophées de l'ennemi et j'espère que l'Empereur daignera m'approuver.

Dans la nuit du 19 au 20 octobre, le général Maillot ayant reçu deux nouvelles sommations a quitté Eilenbourg et est arrivé le 20 au matin à Torgau. Le dernier parlementaire lui avait porté un entr'acte du traité d'alliance de la Bavière avec les ennemis de la France. Le général Maillot a montré dans tout cela beaucoup de loyauté. Dans la nuit du 22 au 23, les trois bataillons bavarois, campés à une demi-lieue de Torgau, ont décampé et le général Maillot a écrit que, venant de recevoir l'avis officiel de la nouvelle alliance conclue par son souverain, il se rendait en Bavière. Je supplie Votre Altesse de me conserver les bontés dont elle m'a honoré, j'en ai plus besoin que jamais puisque je vais être privé de continuer la campagne sous ses yeux.

Général Durrieu.

Le comte de Narbonne avait, dès le mois d'octobre, achevé l'organisation des troupes commencée par le général Lauer, et formé 8 bataillons, dont l'un resta comme corps séparé (il était composé des hommes isolés de la garde impériale), les autres bataillons formaient 3 régiments nommés 1er, 2e et 3e régiment de Torgau. Les bataillons des équipages militaires furent aussi exercés au maniement des armes, mais rendirent peu de services.

En outre, comme cavalerie, le gouverneur avait à sa disposition une compagnie de cosaques polonais composée de 4 officiers et de 100 cavaliers, qui rendirent de nombreux services, en éclairant le terrain et en se mettant en quête des nouvelles de l'ennemi. Ces Polonais servirent fidèlement jusqu'à la fin du siège, et le général Durrieu en fit mention dans ses rapports.

Au 20 octobre, la défense de la place comprenait 16,000 combattants ; il y avait en outre 7,500 malades et 1,300 officiers et hommes employés aux différents services d'administration et de santé.

Le gouverneur avait partagé en 3 brigades les troupes d'infanterie. La première brigade extérieure, sous le commandement du général Durrieu, se composait :

	Hommes.
Du 2e bataillon des ouvriers de la marine	715
Du 1er régiment de Torgau	1,100
A reporter	1,815

	Hommes.
Report.	1,815
D'un bataillon hessois	320
D'une compagnie d'artillerie de	190
D'une compagnie de sapeurs de	140
Et de l'escadron polonais	104
	2,569

Avec ces forces le général Durrieu devait garder le poste de la Scierie, les forts Zinna et Mahla et la lunette Repitz.

La deuxième brigade, destinée à la défense de la place, sous les ordres du général Brun de Villeret, se composait d'un bataillon d'ouvriers de la marine, du bataillon de la garde, du 2ᵉ régiment de Torgau (à trois bataillons) et des contingents wurtzbourgeois.

La troisième brigade, commandée par le major Jamin, était destinée à la défense de la tête de pont des lunettes Zwethau et Werda. Elle se composait du 3ᵉ régiment de Torgau, d'une compagnie de mineurs-sapeurs et d'une compagnie d'artillerie, plus un bataillon de Hessois. Plus tard le général Brun réunit le commandement de la tête de pont à celui de la place.

Voici les dispositions prises par les différents services pour assurer la défense de Torgau.

Le service de l'artillerie avait réparti les 196 pièces utilisables pour la défense de la manière suivante :

	Bouches à feu.
Corps de place.	85
Tête de pont	50
Fort Zinna	31
Fort Mahla	8
Lunettes Repitz, Loswig, Zwethau et Werda	12
Batterie mobile	10
	196

Les pièces étaient approvisionnées à 1,100 coups pour les canons et 700 coups pour les obusiers.

Il y avait dans la place 100,000 kilogr. de poudre et 700,000 cartouches.

Le service du génie avait construit des blockhaus dans les demi-
lunes du fort Zinna et construit dans le fort Mahla un réduit en
charpente avec une communication en palanques avec le corps de
place.

Les services administratifs eurent beaucoup à faire pour assurer
la nourriture des 25,000 hommes qui étaient entrés dans la ville.

Le général Durrieu avait fait rentrer dans la place 900 bœufs et
1,700 moutons qui augmentèrent les ressources de la place en
viande. L'approvisionnement en pain et biscuit donnait 700,000
rations et 415,000 rations de pommes de terre, 300,000 rations de
vin ou bière et eau-de-vie. Il fallut y joindre les denrées trouvées
chez les habitants pour les rendre à peu près suffisantes pour la
durée du siège.

Avant l'investissement le gouverneur avait fixé à 12 onces la ration de pain, ce qui paraît bien faible ; mais le soldat recevait à
cette époque la solde plus 50 centimes les jours où il travaillait.
La moitié de la solde était employée à l'ordinaire et un tiers du
salaire s'y trouvait joint, pour la même affectation. Les deux autres tiers servaient d'argent de poche et étaient remis en espèces
au soldat.

Le *trésor* avait apporté dans ses fourgons 1,600,000 fr. qui servirent à payer la solde arriérée aux officiers et aux troupes.

La tâche du service de santé, sous les ordres de l'inspecteur général Desgenettes, fut des plus lourdes. En effet, la garnison de Torgau eut à subir les effets d'une terrible épidémie qui se manifesta
sous la forme de typhus et de diarrhée. D'après Richter, la dysenterie fit 4,900 victimes dès le mois d'octobre. Elle fut produite par
la fatigue du soldat pendant la campagne de 1813 et par le fait
d'avoir bivouaqué toutes les nuits dans une saison pluvieuse. La
nourriture avait été insuffisante et médiocre, l'eau de Torgau était
dure, pesante et aggravait les diarrhées. Les soldats eurent surtout
à en souffrir, car les officiers, mieux nourris, y résistèrent presque
tous.

Les hôpitaux qui contenaient 7,000 malades développèrent l'é-
pidémie, par suite de l'entassement des victimes du typhus et de
l'exiguïté des locaux destinés à les recevoir. Le manque de bois
en rendait le chauffage impossible, et c'est une des causes de la

mortalité croissante en novembre. Les malades gisaient sur de la paille qui n'était pas renouvelée, et n'avaient qu'une mauvaise couverture. L'indifférence était telle qu'on négligeait les soins de propreté les plus élémentaires. Aussi beaucoup de malades s'échappaient des hôpitaux et erraient dans les cours et dans les écuries. Les latrines étaient devenues des cloaques, où même, détail horrible, on précipitait les cadavres, dit Richter.

Le tiers des officiers de santé tomba malade dans le mois d'octobre et plusieurs d'entre eux succombèrent à l'épidémie ; en novembre la mortalité fut égale à celle qui règne dans les hôpitaux de pestiférés. Tel est l'affreux tableau que tracent Bürger et Richter de l'épidémie de Torgau.

C'est dans ces conditions si difficiles que les troupes de la défense eurent à lutter contre les attaques des généraux Wobeser et de Tauentzien. Nous verrons dans la seconde partie comment les généraux Dutaillis et Durrieu surent utiliser les ressources dont ils disposaient pour prolonger la résistance jusqu'à ses dernières limites.

DEUXIÈME PARTIE

PÉRIODE D'INVESTISSEMENT. — ATTAQUE ET DÉFENSE DES FORTS ET DE LA VILLE

CHAPITRE Ier

OPÉRATIONS EXTÉRIEURES DE L'ENNEMI ET MESURES DE DÉFENSE

Dès le commencement de novembre 1813, l'investissement de Torgau était complet. Le général Wobeser qui se trouvait avec un corps prussien depuis le 1er octobre sur la rive droite de l'Elbe, s'y était retranché. Sur la rive gauche se trouvait un corps saxon, qui avait fait défection sur le champ de bataille de Leipzig, et qui avait pris position entre l'Elbe et la route d'Eilenbourg. De plus une brigade prussienne se trouvait entre l'Elbe, en aval, et la route d'Eilenbourg. Le général comte de Tauentzien, commandant le 4e corps prussien, avait pris la direction de toutes ces troupes.

Dès le 2 novembre, des cavaliers saxons attaquent le convoi de voitures qui amenait dans la ville des palissades coupées dans la forêt de Bennewitz. L'ennemi occupe le village de Loswig. Le général Brun fait alors une sortie avec 1,000 hommes et chasse l'ennemi du village. Le surlendemain 5, le général Durrieu fait une autre sortie plus difficile avec 1,200 hommes, 6 canons et les voitures de parcs destinées à ramener les palissades qui restaient dans la forêt. Après avoir chassé l'ennemi de Loswig, le général prend position devant la forêt, à cheval sur la route de Schildau, pour couvrir le bataillon des ouvriers de la marine, commandé par le chef de bataillon Masquelez. L'ennemi débouche de Beckwitz et attaque avec des forces supérieures l'infanterie du général Durrieu, composée de soldats malingres et qui ne peut s'engager que mollement. Heureusement les ouvriers de la marine, mieux nourris et plus vigoureux, attaquent les grenadiers saxons à la baïonnette, l'artillerie tient l'ennemi en respect, et la retraite s'opère en bon ordre sur la ville.

Le général Durrieu avait rempli sa mission avec la plus grande difficulté, aussi le gouverneur se rendit-il compte de l'impossibilité de faire de grandes sorties avec une infanterie aussi exténuée. Faute de fourrages, il fallut réduire à 550 chevaux les montures nécessaires à la cavalerie, au génie, à l'artillerie et au train des équipages. Les montures des officiers furent réduites aussi au strict nécessaire. On abattit le surplus des chevaux à la tête de pont, et on jeta les cadavres dans l'Elbe. Une partie d'entre les plus sains de ces animaux fut, après l'abatage, réservée et salée pour la consommation des troupes.

Le comte de Narbonne fait évacuer les faubourgs de Dresde, qui servaient encore à loger les troupes, et fait tendre les inondations à leur plus grande hauteur pour couvrir les fronts du côté du grand étang, et remplir d'eau le Schwarz-Wasser.

L'inondation ayant détrempé le terrain marécageux près des nouveaux abris en maçonnerie qui servaient de magasins à poudre, il fallut porter dans les magasins des forts les 50,000 kilogr. de poudre qui étaient contenus dans ces abris, et mettre le surplus dans l'aqueduc coupé par l'ennemi lors de l'investissement.

La mortalité était telle qu'on enlevait 250 cadavres par jour, et qu'on les entassait par lits les uns au-dessus des autres dans les hôpitaux.

Faute de fourrages, les animaux parqués dans la ville par les habitants périssaient d'inanition ; aussi la viande fraîche était-elle fort rare, et les officiers seuls pouvaient-ils s'en procurer.

C'est dans ces circonstances déjà critiques que le général de Narbonne voulut passer une revue des hommes valides, mais cette détermination lui fut fatale. En effet, après avoir passé la revue, et voulant remonter à cheval, il fut renversé par sa monture que l'ordonnance n'avait pas su tenir en main. La commotion que le général ressentit fut violente, cependant il reprit connaissance et put encore travailler pendant deux jours. Le 10 novembre, le gouverneur, très affaibli, réunit le conseil de défense et lui proposa de désigner le comte Dutaillis, ancien chef d'état-major du maréchal Ney, pour le remplacer pendant sa maladie. Le conseil de défense adopta cette proposition et adjoignit le colonel Bernard, aide de camp de l'Empereur, de l'arme du génie[1].

Le général Dutaillis prend aussitôt la direction des opérations et s'occupe immédiatement de compléter les défenses des ouvrages avancés. Il écrit au général Durrieu une lettre qui résume les mesures prises à cet effet.

Le général Dutaillis au général Durrieu.

Torgau, le 14 novembre 1813.

Mon cher Général,

Je commence par vous donner l'assurance que je suis très persuadé que vous avez pris toutes les dispositions pour défendre avec intrépidité les différents postes qui vous sont confiés.

Je vais vous envoyer aux forts le 1er bataillon du 1er régiment de Torgau, et réunir à la défense de la place celle du blockhaus du grand lac.

Je vais écrire au commandant du génie de donner plus d'épaisseur aux parapets qui en ont besoin. Je vais lui recommander aussi de donner tous ses soins à ce que le blockhaus et les caponnières soient terminés le plus tôt possible.

J'apprends avec bien du regret que la maladie commence à gagner le 2e bataillon des ouvriers de la marine, et malheureusement il m'est impossible de vous donner des couvertures ; il en manque plus de 1,500 pour les hôpitaux, et il n'en reste plus une en magasin. Jugez de notre misère !

J'ai appris votre indisposition avec bien du regret. La réponse du général prussien au comte de Narbonne est insignifiante. Je suis fâché que la pluie m'ait empêché d'aller vous voir.

Le Gouverneur par intérim,

Comte Dutaillis.

---

1. Le comte Bernard fut deux fois ministre de la guerre sous Louis-Philippe.

Le comte de Narbonne ne devait pas longtemps survivre à sa chute de cheval ; dès le 12 il est victime de la maladie qui désolait Torgau, et il succombe le 17 novembre. Ses funérailles ont lieu le 18, et le colonel Bernard prononce un discours sur sa tombe, en rappelant les qualités du général, qui, après avoir été ministre de la guerre sous Louis XVI, avait été ensuite aide de camp de l'Empereur et avait rempli des missions diplomatiques en Bavière, en Autriche et au congrès de Prague. Il emporta les regrets des soldats et des habitants.

Le comte de Narbonne avait établi à Torgau, à ses frais, une table pour les officiers blessés et malades qui n'avaient pas encore reçu leur solde, et il entretint cette table jusqu'au complet paiement de la solde arriérée de ces officiers. C'est en passant la revue des hommes sortant des hôpitaux qu'il prit le germe de l'épidémie.

Voici dans quels termes le comte Dutaillis apprend la mort du gouverneur au général Durrieu.

Le général Dutaillis au général Durrieu.

Torgau, le 17 novembre 1813.

Mon cher Général,

Nous venons de perdre notre bon et excellent camarade. Le comte de Narbonne n'existe plus. Jugez de nos regrets. Le conseil de défense se réunira à une heure. Nous vous y attendons. Mille bonjours et amitiés.

Comte DUTAILLIS.

18 novembre 1813.

Ordre du jour.

Les garnisons de la ville et des forts de Torgau sont prévenues que Son Excellence le comte de Narbonne, gouverneur, aide de camp de Sa Majesté l'Empereur et Roi, est mort hier des suites de la chute de cheval qu'il a faite en passant sa dernière revue. L'Empereur perd en lui un sujet dévoué et fidèle, et l'armée un brave et loyal soldat. Les honneurs funèbres lui seront rendus aujourd'hui à midi. Son corps sera déposé dans le bastion principal de la place et ce bastion prendra son nom. Le comte de Narbonne sera remplacé dans ses fonctions par le général de division comte Dutaillis.

Le général Dutaillis, en prenant le commandement, avait décidé que la garnison porterait le deuil pendant un mois pour honorer la mémoire du comte de Narbonne. Il décide aussi que la ration de pain sera portée à 24 onces en raison des fatigues nouvelles du soldat.

Nous donnons ici un tableau des distributions du 23 au 30, qui permet d'avoir une idée de la composition des rations pendant cette période du siège.

Distributions du 23 au 30.

23 et 24	Pain.	24 onces.
	Bœuf salé	4 onces.
	Riz	2 onces.
	Vin	1/4 de litre.
25 et 26	Pain.	24 onces.
	Lard	4 onces.
	Légumes secs	3 onces.
	Eau-de-vie	1/16 de litre.
27 et 28	Pain.	24 onces.
	Bœuf	4 onces.
	Pommes de terre.	6 onces.
	Vin	1/4 de litre.
29 et 30	Pain.	24 onces.
	Viande fraîche	4 onces.
	Riz	2 onces.
	Eau-de-vie	1/16 de litre.

Tabac : 2 onces pour la première quinzaine de décembre.

Au 15 novembre il y avait encore pour 28 jours de pain, 65 de légumes, 13 d'eau-de-vie et 11 seulement de viande fraîche.

On vit bientôt que l'approvisionnement de viande fraîche était insuffisant pour la durée probable du siège, aussi l'ordonnateur en chef Lamartillière proposa-t-il l'usage de la viande de cheval salée. Cette mesure fut autorisée à titre d'essai sur l'avis de l'inspecteur général du service de santé Desgenettes. On préleva 100 têtes de bétail sur le troupeau réservé à la ville, et le bourgmestre fut requis de les mettre à la disposition des troupes de la garnison.

Pour le vin, après l'épuisement des pièces en magasin, on eu la ressource des caves du roi de Saxe, qui contenaient 80,000 litres de vin.

L'orge existant dans les brasseries de la ville fut saisie pour remplacer le blé, en cas de nécessité.

Au 20 novembre, l'effectif était de 12,000 hommes et 5,000 malades. En un mois, la maladie avait fait 7,000 victimes.

CHAPITRE II

DÉFENSE DU FORT ZINNA PAR LE GÉNÉRAL DURRIEU

Nous avons dit précédemment que le fort Zinna était construit dans un terrain sablonneux, et qu'il était d'un accès facile à cause de la disposition des talus dans des terres coulantes. Les travaux de la gorge n'étaient pas encore terminés. Mais les 3 blockhaus reliés par des caponnières en protégeaient l'accès et permirent à la garnison de soutenir un véritable siège.

Le général Durrieu, par d'habiles mesures, sut faire face à toutes les difficultés, et sa défense peut être citée comme un modèle.

Les pièces qui protégeaient les flancs furent chargées à mitraille chaque soir, et le général avait fait disposer des piques d'assaut et des arbres roulants dans les ouvrages.

Les troupes couchaient tout habillées avec la giberne à portée de la main. Des cosaques polonais éclairaient la plaine à gauche du fort, afin d'empêcher une attaque par la gorge, et des sentinelles surveillaient les approches du côté de Welsau. Chaque soir, chacun recevait l'indication du rôle qu'il devait remplir en cas d'attaque, soit en détachant les arbres roulants, soit en jetant les grenades. Les soldats se reposaient très peu la nuit, mais il fallait se mettre en garde contre une surprise.

Au fort Mahla, le général Durrieu faisait observer les mêmes précautions par le major Charrière qui commandait le fort.

La lettre suivante écrite par le colonel Bernard, de l'arme du génie, au général Durrieu, au sujet des mesures prises au fort Zinna, est une appréciation élogieuse par le colonel des instructions données pour la défense des ouvrages extérieurs.

Le colonel Bernard au général Durrieu.

Torgau, 22 novembre 1813.

Mon cher Général,

J'ai lu avec le plus vif intérêt et la plus grande attention l'instruction que vous avez bien voulu me communiquer. Je ne pourrai qu'écrire : Bravo !... en marge de chaque ligne, et je vois à la manière dont vous faites valoir nos humbles blockhaus, combien nos beaux ouvrages des places seraient illustrés s'ils avaient tous des défenseurs comme vous. Comme ingénieur, je suis depuis longtemps persuadé que nos ouvrages ne valent qu'autant que ceux qui sont chargés de les défendre sont essentiellement militaires. Nous sommes donc des accessoires, et vous, le principal, et dans cette circonstance, je crois que nos affaires sont entre bonnes mains.

Agréez, mon Général, mes remerciements de la communication que vous avez bien voulu me faire. Je la regarde comme une nouvelle preuve de votre bienveillance et de votre estime : je tâcherai de mériter toujours l'une et l'autre.

Je suis avec respect,

Votre dévoué,

Colonel BERNARD,

Aide de camp de l'Empereur.

Le même jour l'ennemi mettait le feu au moyen de ses obusiers au poste de la Scierie très éloigné de la place, et, grâce à l'incendie qui éclairait les travailleurs envoyés de Torgau, parvenait à les surprendre pendant la nuit du 22 au 23 novembre et à s'emparer de la scierie, avant que la troupe de soutien pût arriver à destination. Ce poste était du reste tellement éloigné de la place, et si exposé aux attaques venant des digues de Loswig, qu'on n'aurait pu le garder davantage. Le 23, l'ennemi met également le feu aux maisons du faubourg de Dresde, et les troupes françaises, après avoir tiraillé toute la journée dans ce faubourg, se retirent derrière le Schwarz-Wasser, dont on fait sauter les ponts pendant la retraite.

Le général Dutaillis autorise le 24 les troupes de Hesse-Darmstadt et de Würtzbourg à rentrer dans leur pays, sous la condition de ne pas servir avant un an contre la France.

Les batteries ennemies commencent le feu de leurs obusiers contre la ville et contre la tête de pont, afin d'agir sur les habitants par la crainte du bombardement. L'épidémie ayant atteint son maximum, il restait alors à peine assez d'hommes valides pour garnir suffisamment les postes.

A la suite de la désertion des Saxons et de plusieurs isolés faisant partie des troupes de la défense de la place, on était venu à se défier des troupes auxiliaires, et le général Dutaillis avait écrit au sujet des cosaques polonais au général Durrieu pour le mettre en garde contre une surprise, pour lui faire surveiller les Polonais et empêcher des rapports avec l'ennemi.

Le général Durrieu répond au général Dutaillis qu'il est très satisfait de ses cosaques et qu'il tient à les garder.

Le général Durrieu au général Dutaillis.

Fort Zinna, 25 novembre 1813.

Ce matin et à midi, j'ai été si content de la bravoure de mes cosaques que je vous demande grâce pour eux. Ils ont chassé de la cavalerie nombreuse et de l'infanterie. Ils ont balayé la plaine avec une confiance et un abandon rares. Ma foi, je crois qu'ils se sont assez compromis et que nous pouvons nous en servir. On pourrait envoyer des gendarmes à la tête de pont. Je ne puis pas aller jusqu'à vous répondre de mes cosaques, mais vous savez combien les Français se laissent entraîner par l'intrépidité. J'essaierai cette nuit de les envoyer en patrouille avec quelques officiers auxquels je me fie. La reconnaissance ira du fort Zinna au grand lac, sans se rapprocher de la place.

Une cinquantaine de lanciers prussiens ont débouché du blockhaus du grand moulin du lac et sont venus défiler devant le fort. Les cosaques sont sortis et ont chassé ceux-là et d'autres qui les ont suivis.

Général DURRIEU.

Le général Dutaillis au général Durrieu.

Torgau, 26 novembre 1813.

Monsieur le Général,

J'ai reçu votre rapport et puisque vous êtes si content, non seulement je conserverai vos cosaques, mais encore je vais les compléter, si je le puis.

Je vous enverrai encore de l'eau-de-vie. Donnez-en quelquefois en gratification à vos cosaques.

Nous avons eu un peu de tranquillité cette nuit. Espérons que cela durera.

J'ai renvoyé hier les deux bataillons hessois par la tête de pont, après les avoir déclarés prisonniers et avoir fait signer aux officiers en leur nom et celui de leurs soldats, la promesse de ne pas porter les armes contre la France pendant un an.

J'envoie M. de Chabat à M. de Tauentzien, s'il veut le recevoir.

Comte Dutaillis.

L'ennemi profite d'un épais brouillard dans la matinée du 26 novembre pour ouvrir une parallèle et armer 2 batteries contre le fort Zinna. Le silence observé par les troupes, et l'obscurité, firent que les sentinelles du chemin couvert n'entendirent rien. La droite de la parallèle était à 440 mètres du chemin couvert. A 9 heures du matin, les 2 batteries ouvrent le feu contre le fort Zinna et démontent une pièce. Les canonniers du commandant Forgeot répondent avec sang-froid, et on tire 600 coups de part et d'autre.

Le général adresse au gouverneur son rapport sur la journée et réclame un renfort de troupes d'infanterie.

Le général Durrieu au général Dutaillis.

Fort Zinna, 27 novembre 1813.

Mon Général,

Ce matin, lorsque le brouillard a été dissipé vers 8 heures, j'ai reconnu que l'ennemi avait ouvert une parallèle entre le village et le fort. La droite s'appuie derrière la grande poudrière et la gauche à la petite maison rouge. L'ennemi a tant travaillé cette nuit qu'il est déjà presque à couvert. Il a établi une batterie au centre, en face de la demi-lune n° 2. Elle a 6 embrasures et tire déjà avec 3 pièces. A la gauche il a 2 obusiers et 2 mortiers qui tirent fréquemment ; il a commencé deux batteries aux extrémités. Celle de droite découvrira le blockhaus n° 3. Il y a un grand nombre de travailleurs et 1,000 à 1,200 hommes armés dans les ouvrages. Le village de Zinna paraît également rempli de monde. La droite de la parallèle est à environ 200 toises de la crête du glacis.

Depuis le 23, il est entré encore beaucoup de monde à l'hôpital, et ce matin, à la diane, je n'ai eu que 400 hommes sous les armes dans l'intérieur du fort. Dans la nuit, je n'ai que 20 hommes sous les armes dans chacun des 3 blockhaus, et il faudrait que ce nombre fût au moins doublé pour repousser un coup de main, et au moins 700 baïonnettes à l'intérieur pour repousser un assaut.

Le projet de l'ennemi n'est plus douteux : il peut se former à 300 toises et tenter un coup de main. Si on veut défendre réellement le fort Zinna, il faut augmenter ses moyens de défense. Dans tous les cas, je vous répète, mon Général, que je ferai tout ce que me permettront de faire les moyens que j'aurai. Quant au fort Mahla, je le regarde aujourd'hui comme perdu, puisque la compagnie de sapeurs a reçu l'ordre de rentrer en ville. Les 200 hommes du 1ᵉʳ régiment de Torgau ne peuvent y monter qu'une faible garde. Si l'ennemi veut faire une tranchée régulière, vous savez jusqu'à quel point nous pouvons tenir.

Dès ce soir, je me propose de passer la nuit sous les armes, et je vous prie de m'autoriser à distribuer de l'eau-de-vie tous les matins. Le parapet de la demi-lune n° 2 est tellement endommagé que la pièce qui s'y trouve ne peut plus tirer.

Je ne me rends pas aujourd'hui au conseil de défense parce que je crois ne pouvoir plus m'absenter du fort Zinna.

Général DURRIEU.

Le gouverneur envoie un renfort de 250 hommes au fort Zinna pour le service de nuit et un détachement de train d'artillerie. Le général Bouchu et le colonel Novilars visitent le fort tous les jours, et donnent les instructions spéciales pour leurs armes.

Le commandant du génie Marcelot fait faire de nouveaux abris dans le talus intérieur du rempart, car les trois poternes ne pouvaient contenir chacune que 60 hommes au plus.

Le général Dutaillis répond au général Durrieu, l'engage à continuer sa bonne défense ; il le met au courant des opérations du côté de la rive droite. Il l'engage de nouveau à surveiller attentivement les cosaques polonais et leurs officiers.

Le général Dutaillis au général Durrieu.

Torgau, 28 novembre 1813.

L'ennemi pousse vigoureusement ses attaques, et vous, Général, vous les repoussez avec tous les moyens qui sont en votre pouvoir. Je vous ai envoyé hier soir tout ce qu'il m'a été possible de réunir.

L'ennemi a fait une fausse attaque sur la tête du pont. Je viens d'écrire au général Bouchu d'envoyer quelques canonniers de plus au fort Mahla.

Continuez votre bonne défense, mon cher Général, et je vous seconderai de tout mon pouvoir. D'après quelques rapports qui me sont faits, ayez l'œil sur l'officier polonais adjoint à votre état-major.

Je vous ai mandé hier que je gardais à Torgau le fonds de la compagnie de cosaques, car il paraît que la constance des officiers est un peu ébranlée par la menace que l'ennemi a faite de fusiller tous ceux qui seraient faits prisonniers.

Général Dutaillis.

Pendant la nuit du 27 au 28 novembre, les batteries ennemies lancent contre le fort Zinna 600 boulets et environ 350 obus. Beaucoup de projectiles tombent dans le cimetière au moment où les conducteurs des voitures y amenaient leur funèbre contingent de cadavres. Les conducteurs effrayés s'enfuient avec leurs chevaux, après les avoir rapidement dételés, et les voitures restent chargées de morts, jusqu'après la prise du fort Zinna ; alors seulement la sépulture fut donnée aux victimes de l'épidémie ainsi abandonnées dans le cimetière. Les conducteurs des voitures refusant de conduire de nouveau les cadavres dans le cimetière exposé au bombardement, le gouverneur affecte à la garnison l'ancien fossé du corps de place, qui, bientôt rempli, est abandonné. Alors on jette les cadavres dans l'Elbe et, pour éviter ce spectacle révoltant, on se décide à transporter les corps des victimes entre l'Elbe et la tête de pont en les couvrant de chaux vive.

Le bombardement continue à Zinna, et le général Durrieu adresse au gouverneur le rapport de la défense du 28.

Le général Durrieu au général Dutaillis.

Fort Zinna, le 28 novembre 1813.

Nous avons tiré une centaine coups la nuit dernière ; l'ennemi n'a tiré qu'une vingtaine d'obus : je n'ai pas encore de blessés.

Vers 10 heures du soir, j'ai reçu une compagnie de train d'artillerie de 90 hommes et 300 hommes du 1er régiment de Torgau. J'ai doublé pendant la nuit l'effectif de tous mes blockhaus et mes dispositions sont prises contre un coup de main.

Ce matin, à la pointe du jour, j'ai pris vingt hommes et engagé une fusillade avec la droite de la parallèle ennemie : la troupe qui la défendait s'est repliée de 150 toises. Si j'avais eu des hommes sur lesquels on pût compter, j'aurais pu essayer d'enfiler la tranchée ennemie et d'y mettre le désordre, mais à la vue du renfort qui s'approchait, j'ai dû renoncer à mon idée.

L'ennemi perfectionne sa parallèle et crée de nouvelles batteries. Il a montré un bataillon près de la grosse ferme et un autre sur les bords du grand lac.

Les troupes ont passé la nuit sous les armes. Les canonniers sont très fatigués. Vous m'envoyez l'ordre de faire rentrer en ville les pontonniers ; on pourrait les faire coucher à tour de rôle en ville.

Je tâcherai de justifier votre confiance, mais je ne vous dissimule pas que, si vous ne pouvez me donner d'autres moyens de défense, j'aurai de grands embarras.

Je crains moins un coup de main que la continuité de l'attaque régulière qui inondera le fort de projectiles sans que la troupe puisse se mettre à l'abri.

Général DURRIEU.

Torgau, 28 novembre 1813.

Ordre du jour.

L'ennemi a commencé son attaque et assiégé le fort Zinna qui se défend avec courage. Le général gouverneur est persuadé qu'il n'y a pas un seul Français qui, dans cette circonstance, ne soit déterminé à le seconder et à faire tout ce que l'honneur et le dévouement à la patrie nous demandent.

Il est ordonné à tous militaires ou individus attachés aux administrations de l'armée de porter son uniforme ou son costume sans le quitter sous aucun prétexte. On arrêtera tout individu qui ne se conformera pas au présent ordre qui a pour but de déjouer la malveillance qui s'agite en ce moment dans cette ville.

La distribution d'eau-de-vie annoncée n'aura pas lieu et sera remplacée par une distribution de vinaigre.

Le Gouverneur,
Comte Dutaillis.

Le général Durrieu au général Dutaillis.

Fort Zinna, 28 novembre 1813, 1 heure
de l'après-midi.

Depuis mon rapport de ce matin, l'ennemi a démasqué une autre batterie. Il se sert plus d'obusiers que de canons. J'ai eu huit blessés dont un sergent-major. Le commandant du fort Mahla me fait dire qu'il a tiré 61 coups de canon cette nuit.

Je vous prie de remarquer que le bataillon d'ouvriers de marine a trente malades de plus qu'hier, et le régiment de Torgau le même nombre.

Général Durrieu.

Le général Durrieu au général Dutaillis.

Fort Zinna, 28 novembre 1813, 5 heures 1/2 soir.

Une bombe a tué deux hommes et blessé trois, il y a une heure. Les 150 ouvriers de marine dont m'a parlé le colonel Bernard ne sont pas arrivés. Les détachements que vous m'envoyez de la ville n'ont ni vivres, ni cartouches. Ils devraient être munis de tout en partant de la place.

Général Durrieu.

Le général Durrieu au général Dutaillis.

Fort Zinna, 29 novembre 1813, 10 heures du matin.

L'ennemi a tiré cette nuit une cinquantaine de bombes, et j'ai eu 6 blessés. Ce matin à 5 heures, je faisais sortir 200 hommes lorsque j'ai entendu un essai de l'ennemi sur la tête de pont. J'ai craint qu'il ne voulût attirer l'attention ailleurs et attaquer le fort, et j'ai fait rentrer mon monde. Je le regrette, j'aurais pu reconnaître une redoute que l'ennemi a construite à la droite de la tranchée. Je tenterai peut-être demain matin une autre sortie. Je demande que la place cesse de tirer demain matin à 4 heures. Ne soyez pas surpris si vous entendez une fusillade de mon côté. Les cosaques ont rencontré cette nuit des patrouilles prussiennes dans la plaine.

Général Durrieu.

Le général Durrieu au général Dutaillis.

Fort Zinna, 29 novembre 1813 au soir.

L'ennemi a tiré plus fréquemment cette après-midi. Beaucoup de palissades des chemins couverts sont à remplacer. Toutes les embrasures du front d'attaque seront encore à réparer cette nuit. Je veux en ouvrir 2 autres pour pouvoir tirer demain de 17 pièces.

Général Durrieu.

Le général Durrieu au général Dutaillis.

Fort Zinna, 30 novembre 1813, 8 heures matin.

L'ennemi a cessé son tir de bombes hier soir à 9 heures. La nuit a été tranquille. Je n'ai fait aucun essai au dehors parce que tout mon monde était occupé aux travaux.

A 9 heures, je tirerai avec 20 bouches à feu.

J'ai donné des ouvriers de marine pour en faire des canonniers auxiliaires. Ce sera un grand effort, je ne sais si nous pourrons le continuer. L'ennemi a fait un grand nombre de trous de loup. Je vous prie de me faire envoyer tous les jours 3 gendarmes d'ordonnance pour mes communications avec la place. Les cosaques ne sont pas assez intelligents pour ce service. Mon eau-de-vie est bas.

J'en donne tous les matins à la troupe qui est dans le fort. Il a fallu travailler beaucoup cette nuit pour pouvoir tirer ce matin avec 20 bouches à feu.

Le fort Mahla a tiré depuis hier 81 coups. Il porte assez bien sur la gauche de l'ennemi.

Général DURRIEU.

Le général Dutaillis au général Durrieu.

Torgau, 30 novembre 1813.

Mon cher Général,

J'ai dit au général Bouchu de vous donner les moyens d'entretenir votre feu le plus possible. Tant que nous faisons contenance, il faut qu'elle soit bonne. Je vais vous envoyer de l'eau-de-vie et 3 gendarmes pour porter les ordres.

Mille bonjours,
Comte DUTAILLIS.

Le 30 novembre, l'ennemi bombarde la ville elle-même, mais les petits incendies provoqués par les bombes sont facilement éteints.

Pendant la journée, un feu très vif s'établit de part et d'autre. L'artillerie du fort Zinna tire 1,070 coups et celle du fort Mahla 100 environ. Les batteries prussiennes sont réduites au silence. Le général Durrieu en rend compte au gouverneur.

Le général Durrieu au général Dutaillis.

Fort Zinna, 30 novembre 1813, 5 heures du soir.

Nous avons assez maltraité les batteries ennemies qui ont été forcées souvent depuis hier d'interrompre leur feu. Nos canonniers et les ouvriers de marine ont servi avec une bravoure et un zèle extraordinaires. J'en suis très content. Le commandant Forgeot met le plus grand zèle dans son service ; c'est un fort brave officier. J'ai remarqué l'activité et l'intelligence du capitaine d'artillerie Mongenet et de son sous-lieutenant Ligneville. La conduite de ces officiers est d'autant plus belle qu'ils sont constamment de service pour le feu du jour et de la nuit. Nous avons eu 3 pièces démontées, mais elles ont été remplacées sur-le-champ. La baraque de gauche, qui servait de caserne, a été incendiée par une bombe de l'ennemi.

Je dois faire bivouaquer les troupes qui ne peuvent entrer dans les trois poternes.

L'ennemi nous a jeté plus de 100 bombes. Le parapet de notre tranchée a reçu le plus grand feu. Il est endommagé. Il nous faudra des gabions, car on ne peut plus suffisamment retenir les terres avec des planches. Les batteries de l'ennemi sont gabionnées et plus épaisses que les nôtres. Notre feu d'aujourd'hui a cependant étonné l'ennemi qui nous croyait tous malades et s'était imaginé que nous capitulerions devant sa première parallèle. Je crois donc qu'il nous sera utile d'entretenir autant que possible notre contenance au fort Zinna, auquel je ne croyais pas que les Prussiens feraient les honneurs d'un siège. J'ai eu aujourd'hui 17 blessés et 5 tués.

Je suis très content du 2ᵉ bataillon d'ouvriers de marine. Les officiers sont excellents : leur commandant M. Gilbert, le capitaine Guillemard et les lieutenants Zédé et Ardon méritent surtout votre bienveillance. Le commandant du génie Marcelot m'est bien utile, et je vous remercie de me l'avoir envoyé.

Général Durrieu.

Le général Durrieu au général Dutaillis.

Fort Zinna, 1ᵉʳ décembre 1813.

Je vous envoie la situation demandée et vous verrez comme elle s'éloigne chaque jour davantage de ce qui serait nécessaire pour répondre à l'attaque de l'ennemi. Au fort Zinna je n'ai comme garnison disponible que 414 hommes et 204 hommes au fort Mahla. Les bombes qu'on nous lance toute la nuit tiennent tout le monde en éveil, et empêchent de reprendre haleine. Cependant je ne changerai ma contenance que si je suis dans l'impossibilité absolue de la maintenir. Le feu de l'ennemi vient de brûler ma petite maison.

Général Durrieu

Le 1ᵉʳ décembre, le général Dutaillis échange avec le général

comte Tauentzien des propositions au sujet de la reddition de la
place, mais sans résultat définitif. Cependant, pendant les pourparlers, le feu cesse de part et d'autre, et la garnison des forts, si
éprouvée par la lutte des jours précédents, peut prendre un peu de
repos.

Le général Dutaillis au général Durrieu.

Torgau, 1er décembre 1813.

Monsieur le Général,

Si l'ennemi a cessé son feu, ne continuez pas le vôtre, et ne re-
commencez que si lui-même recommence. Faites prévenir Mahla
et la lunette Repitz. On ne devra tirer cette nuit que si on est pro-
voqué et en cas d'attaque.

Mille bonjours et amitiés,
Comte DUTAILLIS.

Le général Durrieu au général Dutaillis.

Fort Zinna, 1er décembre 1813, 6 heures du soir.

Si l'ennemi n'ouvre pas de parallèle, nous pourrions tenir aussi
longtemps que le nombre de nos soldats et la quantité de vivres et
de munitions nous le permettront. Mais il est probable qu'il ne
tardera pas à nous serrer davantage. Dans tous les cas, la première
chose à craindre est un coup de main, nos fossés n'étant revêtus
que d'une simple palissade. Je préfère vous présenter la situation
sous toutes ses faces : c'est plus par devoir que par crainte. Je ne
tirerai que pour répondre à l'ennemi comme vous me l'ordonnez.

J'aurais désiré avoir quelques fascines pour éclairer le front de
l'ennemi. Sans cela nous risquons de voir une seconde parallèle
faite en une nuit comme la première.

Général DURRIEU.

Torgau, 2 décembre 1813.

Ordre du jour.

Le gouverneur témoigne sa satisfaction au général Durrieu de
la belle conduite qu'il a tenue dans la défense du fort Zinna. Le
général a prouvé dans cette défense ce que peuvent l'activité, la

bravoure et les talents. Le général Durrieu fait un grand éloge des troupes qu'il a sous ses ordres. Elles ont rivalisé de courage et d'opiniâtreté. La supériorité de notre feu a éteint depuis hier celui de l'ennemi. En attendant redoublons notre surveillance et nos efforts, et si l'ennemi veut nous attaquer de vive force, garnissons nos remparts et montrons-lui ce que peuvent le courage et le dévouement à la patrie, à son souverain et à l'honneur.

Le gouverneur fait la défense la plus sévère d'avoir aucune communication avec l'ennemi, sous prétexte d'avoir des gazettes. Tout individu qui enfreindrait cette défense serait traduit immédiatement devant une commission militaire comme prévenu d'avoir entretenu des intelligences secrètes avec l'ennemi. Aucun parlementaire ne sera reçu aux avant-postes. Il ne pourra être reçu qu'à la tête de pont.

Le Gouverneur,

Comte Dutaillis.

Le général Durrieu au général Dutaillis.

Fort Zinna, 2 décembre 1813.

J'ai l'honneur de vous remercier, mon Général, de la bonté que vous avez eue de louer ma conduite dans l'ordre du jour. Je vous remercie également au nom des troupes qui sont sous mes ordres. Votre approbation nous est précieuse, et ce sera un grand motif de plus de continuer à faire notre devoir.

On a peu tiré aujourd'hui. Il commence à tomber de la neige Je vous prie de penser à ma demande de couvertures.

Général Durrieu.

Pendant cette journée du 2 décembre, l'ennemi agrandit ses trous de loup, et le général Durrieu suppose qu'il cherche à les réunir entre eux, pour former une seconde parallèle. Le général envoie des tirailleurs hors du fort, pour empêcher cette éventualité, qui le préoccupe beaucoup.

Le général Durrieu au général Dutaillis.

Fort Zinna, 2 décembre 1813, 8 heures du soir.

La journée s'est terminée sans qu'on ait tiré de part ni d'autre, mais si je ne tire pas pendant la nuit à mitraille, l'ennemi pourra travailler sans inquiétude à sa seconde parallèle. Le chef du bataillon des ouvriers de marine m'a témoigné sa surprise de ce qu'il n'était pas spécialement cité dans l'ordre du jour d'aujourd'hui. J'ai trouvé l'observation fondée et y ai fait droit en ce qui regarde la brigade. Ce bataillon mériterait aussi, je crois, d'être cité à la garnison, car c'est celui qui a le plus contribué à la défense du fort Zinna. Il est de moitié dans le service de l'artillerie, parce que les canonniers, quoique très bons, ne sont pas assez nombreux : voilà la vérité. Il est arrivé à 8 heures, ce soir, 50 hommes d'infanterie de la ville sans officier. Mais comment se fait-il qu'ils soient arrivés si tard? C'est la dernière fois que j'ouvrirai la porte sans votre ordre pendant la nuit. Ma position ne me le permet pas.

Général DURRIEU.

Les lanciers polonais, en faisant une reconnaissance vers le Grand Étang, y font prisonniers 4 officiers prussiens. Le général en informe le gouverneur de Torgau, qui, après avoir gardé ces officiers quelques jours, les renvoie au comte Tauentzien, et en profite pour ouvrir de nouvelles négociations.

Le général Durrieu au général Dutaillis.

Fort Zinna, 3 décembre 1813, 3 heures.

A 1 heure, une patrouille de nos cosaques a fait prisonniers 4 officiers prussiens, sur le bout du Grand Lac, du côté de la poterne. Ces officiers, amenés devant moi, ont prétendu qu'ils se promenaient, pendant que, puisqu'on ne tirait plus, ils croyaient à un armistice. J'ai eu l'honneur de vous les envoyer. L'ennemi travaille à perfectionner ses ouvrages, surtout sa redoute de droite.

Les 30 cosaques polonais sont placés entre le fort Mahla et nous. Ils font des patrouilles de jour et de nuit dans la plaine qui nous sépare du Grand Lac. Je suis content de leur service.

Le colonel Bernard me remet à l'instant votre lettre. Je me

rends bien compte de l'embarras qu'on éprouve en ville pour m'envoyer des renforts, mais cela ne change rien à ce que j'ai dit sur les moyens indispensables pour sauver le fort Zinna.

Général DURRIEU.

Le général Dutaillis au général Durrieu.

Torgau, 3 décembre 1813.

J'ai reçu vos différentes lettres, et quelques revues que le général Brun a passées pour s'assurer de l'état physique des hommes de sa brigade ont apporté quelque inexactitude à relever les troupes des forts Zinna et Mahla.

Vous savez aussi bien que moi dans quel état de faiblesse sont nos pauvres soldats et la difficulté qu'il y a à réunir des baïonnettes. Je vous enverrai tous les secours disponibles, et je suis bien sûr d'avance de tout le parti que vous saurez tirer du peu de moyens que je puis mettre à votre disposition. Il n'y a point d'armistice, comme on en a fait courir le bruit, et vos tirailleurs peuvent continuer leur feu. Cependant, ne renouvelez celui de l'artillerie que si les travailleurs sont à portée de mitraille et si l'ennemi recommence son tir.

J'ai fait connaître au général Bouchu que nos canonniers ne devaient pas, pour la Sainte-Barbe, fraterniser avec ceux de l'ennemi. Ne souffrez aucune communication avec l'ennemi et faites tirer sur tous ceux qui sont à portée.

Faites-moi connaître le nombre de cosaques que vous avez. Mon intention est de relier vos postes à ceux du corps de la place.

Le Gouverneur,
Comte DUTAILLIS.

Le général Durrieu au général Dutaillis.

Fort Zinna, 5 décembre 1813.

Je n'ai pas fait tirer aujourd'hui, votre aide de camp étant venu me dire de ne tirer que si l'ennemi tirait.

J'aurai l'honneur de me rendre ce matin à 10 heures à l'invitation que vous m'avez faite de déjeuner chez vous.

Général DURRIEU.

Le général Dutaillis au général Durrieu.

Torgau, 5 décembre 1813.

Il est bien entendu, mon cher Général, que si l'ennemi se présente ou commence son feu, vous devez lui répondre.

J'ai écrit à M. de Tauentzien d'une manière assez ferme et qui pourrait le fâcher, ainsi soyons en mesure.

Prévenez Mahla et Repitz.

Mille bonsoirs,
Comte DUTAILLIS.

Depuis le 4 décembre l'ennemi avait commencé un bombardement sérieux sur la ville ; plusieurs incendies s'allument et viennent endommager une trentaine de maisons ; les habitants se réfugient dans les caves, et les militaires parviennent à éteindre les incendies. Plusieurs parlementaires se présentent au général Durrieu, qui refuse de les recevoir, sur l'ordre du gouverneur, qui n'autorise leur entrée dans la ville que par le côté de la tête de pont.

Le général Durrieu, sur la proposition du commandant du génie Marcelet, fait revêtir de planches les saillants des bastions les plus exposés au feu, ainsi que la courtine qui les relie.

Le général Durrieu au général Dutaillis.

Fort Zinna, 5 décembre 1813, 6 h. 3/4 du soir.

A la fin du jour il s'est encore présenté un parlementaire par la route de Welsau. J'ai envoyé un officier le prévenir qu'on ne pourrait pas le recevoir, et que l'officier qu'on avait reçu hier et moi-même avions été l'un puni et l'autre blâmé par vous. Il insistait beaucoup pour remettre sa dépêche, mais celui d'hier en disait autant, et sa dépêche ne contenait rien de positif. J'ai cru mieux faire en tout refusant. Cela nous fait gagner du temps.

Général DURRIEU.

Le général Durrieu au général Dutaillis.

Fort Zinna, 6 décembre 1813, 9 heures matin.

Je reçois l'ordre de me rendre au conseil de défense à 1 heure. J'y serai. La nuit a été tranquille. J'ai vu ce matin environ 200 travailleurs de l'ennemi travaillant à une communication qui part du village Zinna et va aboutir à la première tranchée. Il y a parmi eux beaucoup de paysans. Il est assez singulier que l'ennemi travaille en arrière au lieu d'avancer. Si nous avions des hommes et du pain, nous lui ferions passer tout son hiver dans la tranchée.

Le commandant Marcelot m'a proposé de revêtir de planches à environ 8 pieds de hauteur les bastions 2 et 3 et les 3 courtines. Cette idée m'a paru bonne, et on a commencé hier l'ouvrage. L'ennemi sera retenu beaucoup plus longtemps dans le fossé. Les bombes feront bien quelque dommage à ce revêtement, mais le déchirement du bois sera encore un obstacle pour l'assaillant. S'il était possible de faire faire en ville des chevaux de frise, j'en mettrais dans le fossé en les enchaînant l'un à l'autre. Je doute que l'ennemi puisse rester sous la mitraille assez de temps pour détruire les chevaux de frise et le revêtement.

Général DURRIEU.

Le général Durrieu au général Dutaillis.

Fort Zinna, 7 décembre 1813.

Deux coups de canon qu'on a tirés, à 2 heures du matin, vers la ville, ont mis les troupes sous les armes pendant une heure. Rien de nouveau ce matin. On continue le revêtement en planches, et on mettra les roues de fourgon que vous m'avez envoyées pour brûler dans le fossé de la gorge. Ce sera un obstacle et un retard pour l'assaillant qui n'est pas prévenu. Si vous pouviez m'envoyer des chevaux de frise, je ne craindrais pas d'attendre la tranchée de l'ennemi jusqu'à la crête des glacis, mais je sais qu'avec notre fâcheuse position vous ne pouvez pas maintenir mes forces à 700 hommes d'infanterie, et je crains de voir bientôt finir l'honneur qu'on fait au fort Zinna. On est venu me dire, ce matin, que l'ennemi établissait une seconde parallèle. J'ai sauté de joie, mais j'ai été bientôt détrompé et je vois que je serai peut-être privé de la gloire d'avoir soutenu tout un siège dans une redoute.

Général Durrieu.

Le gouverneur entre de nouveau en pourparlers avec le général Tauentzien, et lui renvoie les 4 officiers prussiens faits prisonniers près du fort Zinna, en demandant qu'il soit admis, comme base de la capitulation, que la garnison pourra rentrer en France. Le général prussien refuse d'admettre cette condition.

L'épidémie continuait à ravager la place, à tel point qu'on trouvait des soldats morts en faction et dans les chambres. Sauf les artilleurs, les ouvriers de marine et les soldats du génie, qui, mieux nourris, conservaient une vigueur relative, les autres troupes étaient épuisées et leur moral complètement déprimé. La garnison souffrait de la pénurie de bois de chauffage, et il fallut démolir les voitures d'artillerie et des équipages, pour remplacer le combustible manquant.

Le gouverneur ordonne alors de prélever sur le troupeau réservé à la ville, 40 bêtes à cornes, à titre remboursable, et de faire moudre l'orge qui avait été précédemment saisie chez les brasseurs de la ville. La ration de pain était alors de 24 onces, et celles de viande et de pommes de terre de 4 et de 6 onces. Le café et le sucre, en ville, coûtaient 35 fr. la livre. Le pot d'eau-de-vie médiocre de 7 à 8 fr.

Le général Dutaillis envoie alors le sous-intendant au quartier général du comte Tauentzien, pour le prier d'interrompre le bombardement contre les maisons de la ville, mais sans obtenir de succès.

Le général Durrieu adresse au gouverneur une situation des forces qu'il a encore sous ses ordres, en le priant de lui conserver la compagnie du génie, que le gouverneur voulait faire rentrer de suite dans le corps de place.

Le général Durrieu au général Dutaillis.

Fort Zinna, 7 décembre 1813, 5 heures du soir.

Voilà ma situation d'aujourd'hui :

Fort Zinna	405 baïonnettes.
Fort Mahla	221 —
Lunette Repitz.	38 —
Total	664 baïonnettes.

Les hommes portés sur cette situation ne sont pas tous instruits, mais manient suffisamment le fusil pour le charger et tirer derrière les remparts.

Il y a là-dedans énormément de malingres qui ne peuvent faire autre chose que monter la garde dans les moments tranquilles. Les renforts que vous m'envoyez chaque jour de la ville sont dans un état pitoyable.

Le colonel Novilars m'écrit que vous allez me retirer les 45 hommes du train du génie. Sans vouloir augmenter vos inquiétudes, je vous prie de vous rappeler mes moyens et ma position : la raison le veut. Mais si nous courons les chances, il ne tiendra pas à moi qu'elles ne soient pour nous.

Général DURRIEU.

Du 7 au 11 décembre, chaque nuit, les batteries prussiennes continuent le bombardement de la ville. Les pièces placées en avant du poste de la scierie endommagent beaucoup le quartier de la porte de Leipzig, où 7 maisons sont brûlées. Si les habitants montrent peu de bravoure, au dire de Bürger, et restent dans leurs caves, en revanche les Français font les plus grands efforts pour combattre l'incendie et pour sauver dans les maisons les objets qui peuvent en être enlevés.

Le feu de la tête de pont prend la supériorité sur celui des batteries du général Wobeser ; il n'en est pas de même du tir de la lunette Loswig et des bastions 1, 2, 3, qui ont peine à combattre les batteries incendiaires disposées en avant du Grand Étang.

Les forces de la garnison sont alors tellement diminuées que le gouverneur prend la résolution de faire rentrer la brigade extérieure de la place, afin de pouvoir défendre l'enceinte de Torgau. Il donne ordre au général Durrieu de faire miner tout ce qui est en maçonnerie dans les forts Zinna, Mahla et dans la lunette Repitz.

Le général Durrieu au général Dutaillis.

Fort Zinna, 8 décembre 1813, 10 heures du soir.

J'ai l'honneur de vous adresser un déserteur prussien qui est venu ce soir à 10 heures de la tranchée aux sentinelles avancées. Il est du premier régiment de chasseurs prussiens et prétend avoir déserté parce qu'il craignait le châtiment d'une faute qu'il ne veut pas expliquer. Il croit qu'il sera suivi d'un de ses frères. Il m'a l'air d'un vieux routier qu'il faut garder avec soin. Il prétend qu'il y a 5,000 hommes dans la tranchée et dans les villages voisins ; les deux tiers de ces troupes appartiennent à la landwehr. Ces 5,000 hommes sont relevés tous les huit jours par 5,000 autres, qui seraient cantonnés dans les villages situés en arrière. Il dit qu'il est arrivé la nuit dernière une grande quantité de bouches à feu, dont quelques-unes sont déjà entrées dans la tranchée. Il assure qu'on travaille cette nuit à relier les trous de loup. Les généraux Tauentzien et Hindemann couchent dans la tranchée. Il est arrivé, le 2, un corps de 4,000 Russes, qui est placé à une lieue en face de Zinna.

Général DURRIEU.

Le général Dutaillis au général Durrieu.

Torgau, 8 décembre 1813.

Nos forces sont tellement disséminées qu'il est absolument nécessaire de réunir tout ce qui nous reste dans le corps de place. En conséquence, j'ai donné l'ordre au commandant du génie de préparer sur-le-champ tous les moyens de faire sauter tout ce qui existe en maçonnerie à Zinna, Mahla et dans la lunette Repitz.

L'artillerie va commencer son évacuation et ne laisse que ce qui est absolument nécessaire pour le service du moment, car mon intention est de faire sauter ces forts demain ou après-demain matin au plus tard. J'ai donné l'ordre à l'artillerie de fournir dix milliers de poudre, qui, au premier aperçu, paraissent nécessaires.

Le Gouverneur,
Comte DUTAILLIS.

Pendant la nuit du 8 au 9, l'ennemi lance 300 bombes sur le fort Zinna ; le général Durrieu fait bonne contenance et y répond par 270 coups de canon. Les bombes tuent ou blessent 16 hommes. Les défenseurs des forts peuvent reconnaître alors que les trous de loup sont reliés entre eux et forment une portion de seconde parallèle.

Dans la nuit du 9 au 10, les batteries prussiennes continuent à bombarder le fort Zinna et la ville. Les travaux nécessaires pour faire sauter le fort sont terminés ; les mineurs ont préparé les fourneaux de mine dans les trois poternes et dans les magasins ; les blockhaus sont remplis de fascines et les réduits découverts. Ces travaux empêchent de communiquer avec le dehors, aussi le général Durrieu croit-il le moment de l'évacuation arrivé, d'autant plus que l'ennemi est averti des préparatifs par deux ouvriers flamands de la marine, qui ont déserté pendant la nuit précédente. Le général presse le gouverneur de lui faire connaître sa décision définitive.

Le général Durrieu au général Dutaillis.

Fort Zinna, 10 décembre 1813, 9 heures du matin.

L'artillerie reçoit des ordres positifs d'évacuer ce qui n'est pas nécessaire. Mais qu'est-ce qui est nécessaire ? Je ne connais pas vos intentions positives. Si vous différez la grande opération, je puis me trouver sans munitions ; si c'est pour aujourd'hui j'en aurai trop, et cela nous embarrassera.

L'ennemi étant instruit de notre projet, on ne devrait pas perdre un instant. Je vous déclare que notre indécision peut nous nuire. Il faut, ou évacuer, ou déterminer les moyens de tenir encore.

Général DURRIEU.

Le général Dutaillis au général Durrieu.

Torgau, 10 décembre 1813.

Il n'y a aucune indécision pour notre grande opération : elle aura lieu demain matin. J'ai donné tous les ordres à l'artillerie pour les évacuations et cette nuit elle évacuera tout, ou détruira ce qu'elle ne pourra ramener.

Le pont, les blockhaus et les redoutes devront être également détruits et par le feu, et par les autres moyens. Jusque-là vous devez faire la meilleure contenance, tant qu'il vous sera possible, et cacher nos projets à l'ennemi.

La désertion de ces deux hommes est très fâcheuse et vous avez très bien fait de punir très sévèrement l'officier. Je remets à votre activité, à votre prudence et à vos talents de mener cette affaire à bien, et d'ici je vous seconderai de mon mieux.

Le Gouverneur,
Comte DUTAILLIS.

Le général Durrieu au général Dutaillis.

Fort Zinna, 10 décembre 1813, 5 heures du soir.

J'ai reçu ce soir à 5 heures l'ordre d'évacuer cette nuit et de faire sauter demain matin le fort Zinna.

Toutes les dispositions de cet ordre seront exécutées.

Général DURRIEU.

La nuit du 10 au 11 décembre étant fixée définitivement pour l'évacuation du fort Zinna, vers 10 heures du soir le général Durrieu fait évacuer toute l'artillerie, en conservant 2 pièces destinées à en imposer à l'ennemi, et qui furent aussi enlevées à la fin de l'opération.

Vers 2 heures du matin on met le feu aux matières incendiaires qui remplissaient les blockhaus et les troupes se retirent vers le fort Mahla. A 2 heures et demie, les officiers qui tenaient les ficelles des mines, aboutissant à la gorge du fort, les lâchent et le commandant Marcelot croit entendre les 5 explosions qui devaient avoir lieu.

Cependant, le général Durrieu, pour s'en assurer, s'approche du fort avec son escorte. Il met pied à terre et entre dans la poterne n° 1 restée intacte ; il rappelle les mineurs du commandant du génie, et après avoir constaté que l'amorce du saucisson de mine, couverte de sable, n'a pu déterminer l'explosion, il fait préparer une nouvelle disposition. Pendant ce temps, un sapeur-mineur nommé Dereins, dans la crainte de voir manquer l'opération en la différant, et pour sauver l'honneur de sa compagnie, prend un tison dans un feu de bivouac, allume la mine et est tué par l'explosion. Dereins est cité dans le rapport du général Durrieu comme ayant accompli un des traits de bravoure les plus éclatants.

Aussitôt après, le capitaine Davezac, commandant la batterie de campagne, fait atteler les deux pièces restées pour en imposer à l'ennemi, et les fait rentrer dans la place.

Le général Durrieu rentre alors dans Torgau, avec le bataillon des ouvriers de la marine, après avoir laissé 400 hommes dans le fort Mahla et 80 dans la lunette Repitz.

Pendant le siège de Zinna, l'ennemi avait tiré 6,000 bombes ou boulets et le fort lui en avait retourné presque autant.

Dans son rapport, le général Durrieu fait un vif éloge de son aide de camp, M. de Viterne, qui avait exercé une active surveillance sur les différents services, principalement pendant la nuit.

Il cite également le commandant Gilbert, des ouvriers de la marine, qui avait aidé les travaux du génie en faisant construire les caponnières et les blockhaus.

On peut faire un parallèle entre la défense du fort Zinna et la défense des redoutes détachées de Kehl, auxquelles les troupes de l'archiduc Charles firent les honneurs d'un siège en règle, en 1796. Mais si le fort Zinna fut soutenu par les moyens limités dont disposait la place de Torgau, les redoutes de Kehl furent appuyées par toute une armée. De plus, l'épidémie de dysenterie éprouva les défenseurs du fort Zinna, tandis que les troupes de Kehl furent épargnées par la maladie.

Le lendemain de l'évacuation, l'ennemi, en entrant à Zinna, n'y trouva que des ruines. Les troupes de sa garnison laissées libres par l'abandon du fort, purent être utilisées pour la défense de la place jusqu'à sa reddition.

Le général Dutaillis témoigna au général Durrieu sa satisfaction par une lettre des plus élogieuses, où il le félicitait de la manière distinguée avec laquelle il avait défendu le fort Zinna pendant le siège, et surtout pour les talents et la bravoure montrés pendant l'opération de l'évacuation et de la destruction du fort.

Cette lettre se terminait par un nouvel appel au zèle et à l'activité du général Durrieu auquel il confiait le commandement de la brigade de droite. Cette brigade eut pour mission de défendre la courtine de la porte de Leipzig, la demi-lune et tout le pont jusqu'à l'Elbe, ainsi que le retour jusqu'au pont inclusivement.

Le général Durrieu avait également à défendre la communication de la ville avec la tête de pont, et le commandement des défenses extérieures avec le fort Mahla et la lunette Repitz. Il sut s'acquitter à son honneur de ses multiples fonctions, jusqu'à la fin du siège de Torgau que nous examinerons dans la troisième partie de cette notice.

[illegible]
[illegible]
[illegible]
[illegible]
[illegible]
[illegible]
[illegible]
[illegible]
[illegible]
[illegible]
[illegible]

CHAPITRE Ier

DERNIÈRE PÉRIODE DE LA DÉFENSE DE TORGAU

L'évacuation du fort Zinna, en donnant de nouveaux défenseurs
à la place et aux ouvrages avancés, nécessita un nouveau groupe-
ment des troupes affectées à la défense.

Le général Dutaillis, affranchi de la crainte de voir les postes
trop dégarnis pour résister à un assaut, divisa en deux brigades
les forces dont il disposait encore, et se prépara à prolonger la résistance jusqu'aux dernières limites permises par ce qui lui restait
d'approvisionnements en vivres et en munitions.

La brigade de droite, commandée par le général Durrieu, eut à
défendre la courtine et la demi-lune de la porte de Leipzig, et tout
le front jusqu'à l'Elbe, plus le retour jusqu'au pont inclusivement.
Cette brigade avait à défendre la communication du pont de l'Elbe
avec la tête de pont ainsi que les dehors avec le fort Mahla et la
lunette Repitz.

La brigade de gauche, commandée par le général Brun de Villeret, eut à défendre les ouvrages depuis la courtine du front de la
porte de Leipzig jusqu'à l'Elbe, ainsi que le retour le long du
fleuve jusqu'au pont et la brigade de gauche eut de plus à défendre
les dehors, ainsi que la lunette Loswig.

Le général Dutaillis mit à la disposition du général Durrieu la
compagnie polonaise à pied, qui était alors campée aux travaux du

génie. — Le détachement de cavalerie fut laissé sous ses ordres. Le service des patrouilles et des rondes dut être fait de manière à ménager le plus possible les forces des soldats, dont la santé était très épuisée.

Le 12 et le 13 décembre, les batteries prussiennes continuent le bombardement de la ville, et allument de nouveaux incendies. Le surintendant fait un nouveau voyage à Dommitsch et obtient du général Tauentzien la promesse que le bombardement contre les maisons cessera le 14 ; ce qui a lieu en effet.

La garnison de la place étant renforcée par celle du fort Zinna, on peut garder les postes des remparts et, pour se mettre en garde contre une attaque de vive force, on prépare les moyens nécessaires pour arroser d'eau les talus des remparts, et les couvrir de glace, comme on l'avait fait au fort Zinna.

Les rations sont réduites par ordre du gouverneur à 18 onces de pain, et à 3 onces de bœuf salé ; il est fait aux troupes une distribution d'eau-de-vie et une distribution de tabac. — La solde de la seconde quinzaine de novembre est payée aux troupes.

Du 13 au 15, l'ennemi, établi dans le fort Zinna, construit une batterie pour tirer sur le fort Mahla. Pendant ce temps, la place tire sur le fort Zinna, et couvre les canonniers prussiens de boulets et d'obus.

Sur ces entrefaites, le froid devient plus vif, l'eau gèle dans les fossés et on est obligé de commander des corvées pour ballotter des barques, et casser la glace autour du corps de place.

Le général Brun entre en pourparlers, le 15, avec le général comte Tauentzien, et il est convenu verbalement que si le 25 la place ne reçoit pas de secours, on consentira une capitulation à terme, pour l'évacuation dans les premiers jours de janvier.

M. Lamartillière, commissaire ordonnateur en chef, et M. Lambert, inspecteur aux revues, envoient, au nom de l'administration française, au pasteur Koch, une somme de 3,500 fr. pour être distribuée aux premières victimes du bombardement. — Le général Dutaillis remet 500 fr. pour la même destination, et un groupe d'officiers 600 fr.

Du 16 au 19, le feu est interrompu de part et d'autre, mais on travaille dans le fort Mahla pour s'y maintenir, en couvrant de terre le réduit de la gorge, en faisant des traverses, et en achevant la caponnière qui permet de communiquer avec la place.

Le général Tauentzien, pendant les négociations relatives à la capitulation, demande qu'il reste dans Torgau, lors de l'entrée des troupes dans la place, quinze jours de vivres pour les malades et les convalescents, de façon à lui donner le temps de pourvoir à leur subsistance. Le conseil de défense ne veut conserver que huit jours de vivres pour 6,000 malades, à raison de 12 onces de pain, 5 de viande et 1 once de riz par homme et par jour.

Après le 19 décembre, et jusqu'à la fin du siège, les troupes de la défense sont nourries de viande de cheval fraîche, à raison de huit onces par homme. La ration de 18 onces de pain est remplacée tous les trois jours par une ration de 15 onces de biscuit.

Pour le chauffage, on continue à brûler les pontons, les voitures d'artillerie et les caissons de vivres.

Le gouverneur adresse une réquisition au conseil de ville pour se faire livrer 25 bœufs, et fait extraire 16,500 litres de vin des caves du roi de Saxe.

Le général Dutaillis assemble le 29 au soir le conseil de défense pour délibérer sur les moyens à employer pour prolonger la défense jusqu'au terme le plus éloigné. L'ordonnateur Brevet, en faisant connaître la situation des magasins, et en supposant un effectif de 11,500 hommes, fait connaître qu'il reste encore du pain pour dix-neuf jours à 18 onces la ration, et seulement pour six jours de viande salée.

L'inspecteur général du service de santé Desgenettes est d'avis qu'on ne peut rien retrancher de la ration actuelle des troupes, et que 18 onces de pain est le strict nécessaire qu'on puisse attribuer aux soldats.

Le colonel du génie Novilars est d'avis que le fort Mahla, les lunettes et la tête de pont, étant fraisés et palissadés, sont hors d'insulte ; l'exemple de ce qui s'est passé au fort Zinna montre ce que peut l'audace contre l'ennemi auquel on a affaire.

Le taux de la ration à 18 onces de pain est maintenu, sur l'avis du général Brun de Villeret. Le gouverneur ordonne d'abattre et de saler de nouveaux chevaux pour nourrir la garnison et requiert la farine se trouvant chez l'habitant. Le conseil de ville fait connaître la petite quantité de farine restant chez les boulangers et dans les maisons ; il en reste bien peu à distribuer à la garnison.

Les distributions de fourrage cessent le 22 décembre, et la viande de cheval elle-même devient rare dans la place.

Le 24 décembre, le général Dutaillis fait passer la revue des hommes, elle donne les résultats qui suivent :

	Officiers.	Sous-officiers et soldats.
État-major et gendarmerie	101	36
Artillerie	66	1,124
Génie	16	446
Ouvriers militaires de la marine . . .	33	677
1er bataillon de Torgau	21	254
1er régiment —	36	341
2e régiment —	62	760
3e régiment —	36	411
Bataillon des équipages militaires . .	20	612
Cosaques polonais	4	95
Non-combattants	300	966
Malades et blessés	89	2,994
Total	784	8,716

Ce qui donne comme total général 9,500 officiers et soldats. Si l'on retranche du chiffre 24,650, qui représente la force de la garnison au début du siège en octobre, celui de 1,150, qui représente l'importance des contingents de Hesse et de Wurtzbourg, partis avec l'autorisation du gouverneur, il reste 23,500. En défalquant de ce dernier chiffre celui de 9,500 formé par l'ensemble des défenseurs restant au 24 décembre, on trouve 14,000 hommes ; c'est est à peu près le chiffre des pertes subies par la garnison d'octobre à décembre.

Le 25 décembre, le conseil de défense est convoqué par le général Dutaillis pour examiner si l'on peut réduire encore la ration de pain, afin de conserver la place un peu plus longtemps aux armes de l'Empereur. Le général Brun, le général Bouchu, le général Durrieu, et les colonels Bernard et Novilars proposent de réduire la ration à 15 onces. Les généraux Devaux et Lauer, l'ordonnateur Brevet et le sous-inspecteur aux vivres Boussac sont d'avis de laisser la ration telle qu'elle est.

Articles de la capitulation.

Le 26 décembre, la capitulation est signée à Weilsau par le général Brun de Villeret, représentant le gouverneur, et par le général de Jeanneret et le major de Puttkammer, pour le général prussien.

Il y est exprimé en substance que la ville de Torgau, ses forts et le matériel qui en dépend, seront remis aux troupes de Sa Majesté prussienne. La garnison sortira par la tête de pont avec les honneurs de la guerre, le 10 janvier.

La garnison sera prisonnière de guerre jusqu'à échange pour être conduite en Silésie.

Les généraux et les officiers conserveront leurs épées, leurs bagages et leurs chevaux, les sous-officiers et soldats leurs havresacs.

Les officiers et soldats amputés, ou rendus hors d'état de servir par leurs blessures, ne seront pas prisonniers de guerre. On leur fournira les moyens de rentrer en France.

Le gouverneur s'engage à assurer la subsistance des malades qui resteront à Torgau pendant les huit jours qui suivront l'évacuation de la place. Passé ce terme, ils seront au compte du gouvernement prussien.

En raison de l'épidémie régnant à Torgau, le baron Desgenettes et le docteur Grafe, chirurgien général de l'armée prussienne, prendront les mesures nécessaires pour empêcher la contagion.

Les officiers de tout grade auront droit au logement et au traitement des officiers prussiens du grade correspondant, qui sont à demi-solde. Jusqu'à l'échange, les sous-officiers et soldats seront traités comme les soldats prussiens.

Si la garnison était secourue avant la date fixée pour l'évacuation de la place, Torgau ne serait pas considérée comme ayant capitulé, et le gouverneur serait libre de prendre le parti qu'il jugerait le plus avantageux au service de Sa Majesté l'Empereur.

La ratification de la capitulation aura lieu dans les vingt-quatre heures, et immédiatement après le fort Mahla et la lunette Repitz seront livrés aux troupes prussiennes.

Articles additionnels.

Tous les non-combattants seront autorisés à retourner en France avec leurs effets et les chevaux affectés à leur emploi respectif. Les assimilés aux officiers conserveront leur épée.

Les papiers relatifs à la comptabilité et à l'administration de l'armée pourront être conduits en France. — Les officiers payeurs et les vaguemestres du corps de troupe seront compris parmi les non-combattants.

Les voitures appartenant à des généraux, officiers supérieurs ou à d'autres fonctionnaires absents, que les inconvénients de guerre ont fait entrer dans la place, seront dirigées vers la France sous la conduite des domestiques qui en seront chargés.

Il sera formé des non-combattants rentrant en France, un ou plusieurs convois, que le comte Tauentzien s'engage à faire escorter et dont personne ne pourra s'écarter.

Les médecins Desgenettes et Richter furent chargés de l'exécution des prescriptions de la capitulation relatives au service de santé. En conséquence, ils décidèrent que les hommes bien portants seraient soumis à trois jours d'observation ; les hommes d'un état de santé douteux à six jours, et les hommes suspects de mauvaise santé à neuf jours d'observation. — De plus, les troupes prussiennes n'entreront dans les casernes et hôpitaux qu'après l'exécution de fumigations à la Morveau dans ces bâtiments pendant trente-six heures.

Le 27, le gouverneur notifie la capitulation au général Durrieu, et lui enjoint de remettre le fort Mahla et la lunette Repitz entre les mains des troupes prussiennes.

Le général Dutaillis au général Durrieu.

Torgau, 27 décembre 1813.

J'ai l'honneur de vous prévenir qu'en conséquence d'une convention consentie par moi, nos troupes doivent évacuer le fort Mahla et la lunette Repitz ce matin à neuf heures. L'artillerie et les munitions doivent rester dans les forts.

Les troupes prussiennes remplaceront les vôtres. Je renverrai, à neuf heures, les prisonniers prussiens et autres. Aussitôt que ces prisonniers seront partis et les troupes rentrées en ville, je donnerai ordre que le pont-levis de la porte de Wittenberg soit levé, et il ne pourra être baissé que par mes ordres.

Le Gouverneur,
Comte DUTAILLIS.

Par suite de la capitulation, le fort Mahla et la lunette Repitz sont remis aux troupes prussiennes avec l'artillerie qui défendait ces ouvrages. — Le comte Tauentzien en profite pour diriger sur Wittenberg l'armée de siège et une partie des troupes composant son corps d'armée.

Le général Dutaillis juge à propos de tenir secrète la capitulation pendant quelques jours, mais le secrétaire du conseil est prévenu qu'une capitulation ayant été signée, il y a lieu de clore le registre des délibérations du conseil. Cette formalité a été exécutée.

Du 29 décembre au 10 janvier, le gouverneur fait subir de nouvelles réductions aux rations qui sont réduites de 18 onces à 15 onces pour la ration de pain, et de 8 à 4 onces pour la viande.

Il est pourvu à la solde des officiers jusqu'au 31 décembre, au moyen de traites sur Paris ; de plus, le gouverneur, avant de quitter la place, crée un fonds de 45,000 fr. pour faire face aux besoins accidentels des hôpitaux et assurer la solde aux malades qui doivent y rester.

Le 10 janvier 1814, la garnison sort de la place par la tête de pont avec les honneurs de la guerre : elle se composait de 4,246 officiers et soldats. Pour expliquer ce faible chiffre, il faut remarquer que 1,166 hommes étaient décédés du 24 décembre au 10 janvier, et que les blessés et malades restant dans la place étaient au nombre de 3,188.

Après avoir déposé les armes, les troupes passèrent l'inspection prescrite par le service de santé, conformément à l'article 8 de la capitulation, et 450 hommes, jugés trop faibles pour parcourir les étapes, rentrèrent à Torgau sur l'avis des médecins.

L'article 6 de la capitulation, ainsi que les articles additionnels ne furent pas exécutés. Pour expliquer cette violation de la capitulation, le général Tauentzien prétexta qu'il n'avait trouvé que 9,000 fusils à Torgau ; supposant que les armes avaient été détruites ou jetées dans le fleuve, il en rendit responsables les généraux et le gouverneur, et suspendit la marche des non-combattants, déjà partis pour rentrer en France, et qu'il traita comme prisonniers de guerre. — A l'insu du gouverneur, les fusils des hommes tombés subitement malades et morts à la tête de pont, avaient été jetés dans l'Elbe. Ce fait, dénoncé par les Saxons, suffit pour déterminer le général Tauentzien à violer la capitulation.

Il est facile de voir qu'en déduisant du nombre des 14,000 soldats français présents au 20 octobre, les hommes du train d'artillerie, du génie et des équipages militaires ainsi que les convalescents qui n'étaient pas armés, au nombre de 5,000 environ, on trouve le chiffre de 9,000 fusils. Les Hessois et les Wurtzbourgeois avaient été renvoyés avec leurs armes. Le général Tauentzien avait donc invoqué un fallacieux prétexte pour se soustraire à l'exécution de la capitulation.

D'après Bürger, qui fit le relevé quotidien des registres de sépulture des hôpitaux, il était mort 19,629 hommes de septembre à janvier ; en y ajoutant 938 soldats qui moururent encore du 10 janvier au 25 avril 1814, on trouve pour le total des pertes de la garnison 20,207 hommes.

Un tiers de ces victimes succomba au typhus, et les deux autres tiers périrent par suite de diarrhées causées par la mauvaise nourriture et la médiocre qualité de l'eau.

Dans la population civile, un cinquième environ succomba aux effets de la maladie de Torgau.

La lettre suivante, écrite par le général Durrieu à son père, peint fidèlement les impressions ressenties au moment de la capitulation par le défenseur du fort Zinna.

Le général Durrieu à son père.

Torgau, le 9 janvier 1814.

Je vous le disais bien à Dresde que j'étais trop heureux. Le pressentiment s'est réalisé : je suis prisonnier de guerre des Prussiens, et je me rends à Breslau. J'ai bien du chagrin en pensant aux épreuves que vous traversez aussi. Vous m'aiderez, j'en suis certain, à supporter mon malheur : je suis sûr de votre opinion, parce que je suis sûr de la mienne. Cette fois, vous ne lirez pas mes rapports dans les gazettes; j'ai chargé un ami de vous les faire parvenir. Ils vous diront tout ce qui m'est arrivé depuis trois mois.

J'étais toujours à l'état-major général, malgré toutes mes demandes d'une brigade à commander, lorsque tout à coup l'Empereur daigna penser à moi pour me donner, le 10 octobre, un commandement important, celui de tous les parcs du quartier général. La conduite de cette colonne étant, à ce moment-là, fort scabreuse, je prévoyais que toutes ces charrettes embourberaient ma carrière, et j'ai deviné.

Jean sera peut-être arrivé à Saint-Sever ; il m'a quitté le 12 octobre. Je ne sais s'il ne sera pas mort de peur à la bataille de Leipzig. Je lui ai remis à Dresde une reconnaissance de trois mille francs qui va sans doute vous embarrasser dans le moment actuel. Si l'on me paie mon arriéré de solde, je vous enverrai de suite deux mille francs. J'ai encore perdu cinq chevaux. J'ai laissé mes effets à Dresde, et je ne sais si les Russes les ont pris.

Tâchez de me faire parvenir de vos nouvelles : Je vous embrasse tous sans nommer personne.

Général DURRIEU.

Ordre du jour.

Torgau, 9 janvier 1814.

Le gouverneur doit de nouveaux remerciements à la brave garnison de Torgau pour la patience avec laquelle elle a supporté les privations.

Cette belle conduite donne la mesure de l'énergie qu'elle saurait déployer dans des circonstances plus heureuses.

Le Gouverneur,

Comte DUTAILLIS.

Ordre.

Torgau, 9 janvier 1814.

Demain matin, à dix heures, les troupes de la garnison seront rassemblées avec armes et bagages, et seront prêtes à défiler aux termes de la capitulation.

Les troupes de l'artillerie seront placées : la droite, au pont de l'Elbe et la gauche à la Manutention. Le général Bouchu mettra, en avant de ces troupes, deux pièces, mèches allumées.

Les troupes du génie seront placées : la droite, vers l'entrée du pont, et la gauche vers les magasins du génie.

La brigade du général Brun sera placée : la droite vers la porte de son logement, et la gauche sur la place.

La brigade du général Durrieu sera placée : la droite, vers la Manutention et la gauche vers son logement.

Les troupes seront sur trois rangs et par pelotons de vingt files ; les soldats auront leur capote sur le corps.

Messieurs les généraux, chefs d'armes et chefs de corps défileront à la tête de leurs troupes. Les troupes défileront dans l'ordre ci-dessus.

Aussitôt qu'on aura débouché de la tête du pont, et d'après l'ordre qui en sera donné, les troupes mettront leurs armes en faisceaux et seront placées à une distance déterminée. Elles passeront alors la revue de santé.

Messieurs les généraux chefs d'armes et de corps sont prévenus que dans la marche jusqu'à leur destination, ils ne quitteront pas leurs troupes. Ils sont particulièrement invités à y maintenir le bon ordre. C'est le moyen de trouver partout le bon accueil du pays qu'on doit traverser et la protection des troupes d'escorte.

Le général Durrieu à Son Altesse le prince de Neufchâtel.

Torgau, 9 janvier 1814.

Monseigneur,

Il m'est arrivé le plus grand malheur qui puisse arriver à un militaire. Je suis prisonnier de guerre des Prussiens. On me conduit à Breslau. J'aimais ma carrière comme le jour où j'y suis entré.

Servir dans l'état-major de Votre Altesse, recevoir des témoignages de sa satisfaction me faisaient tout espérer de l'avenir. Tout a disparu : il ne me reste plus que la conviction d'avoir fait tout ce que pouvais faire.

La première grâce que je sollicite de la générosité de votre Altesse, ce serait de me faire échanger et de me mettre en mesure de réparer mon malheur. Combien je souffre de savoir les Anglais sur l'Adour et de m'en aller prisonnier sur l'Oder !... Mais il y en a tant qui peuvent m'être préférés.

Que Votre Altesse me laisse espérer de pouvoir regagner un jour l'intérêt qu'elle a daigné me témoigner.

Général DURRIEU.

CHAPITRE II

ÉVÉNEMENTS QUI SUIVENT LE DÉPART DE LA GARNISON. — VIOLATION DE LA CAPITULATION PAR LES GÉNÉRAUX PRUSSIENS

Les autorités saxonnes s'appliquèrent dès le 10 janvier à éteindre l'épidémie qui régnait dans Torgau. Le docteur Richter, mis à la tête d'une commission de santé, s'empressa de faire ensevelir les morts qui restaient encore dans les maisons particulières et de faire brûler les effets des hôpitaux.

Certaines maisons étaient remplies d'immondices et on en cite une qui contenait 45 mètres cubes d'ordures au milieu desquelles on trouva quelques cadavres.

Un hôpital fut créé dans les haras de Repitz pour recevoir les demi-convalescents ; les autres malades furent transportés au Château. Tous les effets et le mobilier des hôpitaux furent brûlés : quarante condamnés de la maison centrale de Lichtenbourg furent occupés à nettoyer les chambres, à blanchir les murs à la chaux et à remplacer les planchers. En nettoyant les latrines du château, ces condamnés furent atteints du typhus au plus haut degré.

Les troupes prussiennes ne prirent pas de quartiers dans la ville et se bornèrent à occuper les ouvrages extérieurs.

Dans son ouvrage, Bürger atteste que la garnison française ne commit aucune exaction, et que, même dans la disette de vivres, les gouverneurs de la place n'exercèrent aucune réquisition pour prendre de force les provisions réservées par les habitants.

Pendant les deux mois qui suivirent la capitulation, on repêcha mille fusils dans l'Elbe, et le général Tauentzien, ne voulant pas croire que toutes ces armes avaient été jetées dans le fleuve sans l'autorisation des chefs par la volonté des simples soldats tombés subitement malades à la tête de pont, fit mettre en arrestation, à Berlin, le comte Dutaillis et le général Brun. Ces deux généraux comparurent devant la commission militaire de Leipzig et déclarèrent que l'immersion des armes avait été exécutée sans leur consentement. Malgré cette déclaration, on les fit garder par des gendarmes, après les avoir ramenés à Berlin, et ils ne furent mis en liberté qu'en mai 1814.

Les documents qui suivent donnent une connaissance suffisante des événements consécutifs à la capitulation.

Le colonel Bernard, aide de camp de l'Empereur, à M. Durrieu père.

Paris, ce 2 février 1814.

Monsieur,

Je m'empresse d'avoir l'honneur de vous envoyer une lettre de votre fils, le général Durrieu.

J'ai quitté bien tristement le général, le 10 janvier. Il partait de Torgau pour Breslau. La gloire qu'il s'est acquise dans cette première place, les talents qu'il y a déployés, la bravoure et l'opiniâtreté qu'il a montrées à toute heure, lui ont valu l'estime et l'admiration de toute la garnison, comme ils lui assurent toute la bienveillance du souverain à sa rentrée en France.

En mon particulier, je me félicite de m'être trouvé dans une circonstance aussi malheureuse, puisqu'elle m'a procuré un avantage, pour moi bien précieux, celui de m'unir d'amitié et d'estime réciproques avec un des militaires les plus distingués de notre armée.

Je fais des vœux pour que les événements le rendent bientôt à sa famille, à son souverain et à un ami qui s'honore de son estime.

J'ai quitté le général en bonne santé. Il n'a pas été malade un seul instant, et il a supporté toutes les privations et tous les dangers avec bonheur et courage.

Je vais chercher un moyen pour écrire au général ; si je suis assez heureux pour en rencontrer un, j'aurai l'honneur de vous en faire part.

Colonel BERNARD,

Aide de camp de Sa Majesté l'Empereur et Roi,

39, rue Saint-Dominique.

Le général Durrieu à son père.

30 janvier 1814.

Je vous ai écrit en sortant du charnier de Torgau. Je suis arrivé ici à petites journées, parce qu'il nous faut prendre les plus grandes précautions sanitaires.

Cependant, la maladie de Torgau ne nous suit pas — et a perdu, j'espère, mes traces. Nous avons fait ici une quarantaine de dix jours, et partons demain pour la Silésie. Je me rends dans la petite ville de Reichenbach. Je serai là avec mon ami le général d'artillerie Bouchu et quelques autres de nos officiers.

Je me porte bien malgré mes chagrins qui sont bien augmentés par la pensée des vôtres.

Général DURRIEU.

Le colonel Bernard au général Durrieu.

Paris, 5 février 1814.

Mon cher Général,

Je suis arrivé le 26 janvier à Châlons-sur-Marne où j'ai rencontré Sa Majesté et le prince Eugène.

Toutes les dépêches ont été remises : on a été satisfait et notre grande mortalité a été jugée déplorable.

Je me suis cassé une seconde fois la jambe en versant de voiture sur les bords du Rhin, mais le grand maréchal, qui est venu me voir à mon arrivée à Châlons, a rendu compte de tout au maître et lui a lu la lettre que je lui écrivais de Torgau le 9 janvier et dont je vous ai donné lecture avant de nous quitter : l'affaire a pris une bonne tournure.

Les généraux alliés m'ont très bien traité jusqu'à nos avant-postes : je n'ai qu'à me louer de leurs bons procédés.

On désire et on espère la paix de part et d'autre. Un congrès doit être réuni à Châtillon-sur-Seine depuis le 3 de ce mois.

J'ai envoyé votre lettre à Monsieur votre père. Quand la chose sera possible, j'enverrai celles destinées aux parents du général Bouchu. J'ai pu écrire à ma femme à Anvers.

Vous savez sans doute que les Alliés sont sur notre territoire et qu'ils ont passé le Rhin dans les premiers jours de janvier. Il n'y a eu depuis aucune bataille : les armées sont en présence et attendent sans doute le résultat des négociations. Puissent-elles tirer à fin et à bien pour l'humanité, pour le repos de l'Europe en général et celui de notre patrie en particulier ! — Puissent tous les États les vouloir aussi sincèrement que notre Souverain et la France les veulent ! Jamais elle ne fut plus nécessaire pour le repos de tous. Il n'y a néanmoins pas encore d'armistice.

J'ai appris qu'au sujet d'Eilenbourg, l'Empereur avait dit : « Je n'ai aucune inquiétude, il y a là le général Durrieu qui est un bon officier. Nul doute qu'il n'ait pris le parti de se jeter dans Torgau. »

J'écris au général Brun de Villeret, à Berlin.

Au revoir, mon cher Général, rappelez-moi au souvenir du général Bouchu. Il sait combien je tiens à son amitié.

Vous savez combien les malheureuses circonstances dans lesquelles nous nous sommes trouvés ensemble, nous unissent pour la vie.

Votre ami respectueux,

Colonel BERNARD.

M. de Courbon, aide de camp du prince de Neufchâtel,
à M. Durrieu.

Paris, 16 février 1814.

Monsieur,

Enfermé à Torgau avec le général Durrieu, mais plus heureux que lui, renvoyé en France sur parole, je m'étais chargé de vous apporter une lettre de lui. Malgré tous mes soins, je n'ai pu la sauver. Dans la nuit du 29 janvier, à Brienne, au moment où j'allais atteindre les avant-postes français, mes effets, mes papiers, tout ce que je possédais a été pillé par les Russes. Je mettais plus d'intérêt que pour tout autre à remplir la commission de votre fils, mon attachement pour lui m'en faisant un devoir. Cette lettre contenait une copie de son journal. Tout ce que je puis vous dire, c'est que le 10 janvier, il se portait bien, et que je l'ai mis en route ce jour-là pour la Silésie. J'avais des lettres de lui pour le prince de Neufchâtel. J'ai suppléé de mon mieux à leur perte en en entrenant beaucoup le prince qui l'aime et l'estime.

Croyez, Monsieur, aux sentiments que j'éprouve pour le père du bon et brave général Durrieu.

DE COURBON,
Aide de camp de Son Altesse
le Prince de Neufchâtel.

Le général Brun de Villeret, au général Durrieu.

Berlin, 4 mars 1814.

Mon cher Général,

Le comte Bernard n'a écrit ni à moi ni au général Dutaillis. Nous ignorons s'il est parvenu heureusement au terme de son voyage. Nous sommes cependant fondés à croire qu'il n'a pas été arrêté comme la colonne des non-combattants. Ils sont toujours dans les environs de Leipzig, fort malheureux, à ce qu'on assure. On les a arrêtés, parce qu'on croyait qu'ils emportaient des trésors. M. de Tauentzien s'est conduit à leur égard de la manière la plus loyale et a fait son possible pour les faire relâcher, mais ils sont entre les mains des Russes. Cela vous fera comprendre pourquoi je suis resté étranger à la démarche du général Dutaillis, et n'ai pas voulu mettre à une nouvelle épreuve la bienveillance du général Tauentzien.

M. de Périgord et un grand nombre d'officiers français qui avaient quitté Berlin avec des passeports du prince de Suède, ont été arrêtés à Fulde. Sans doute, le train de M. de Narbonne et ses équipages n'auront pas plus de bonheur que les aides de camp de ce général.

Il n'est nullement question de nous donner ici un traitement. Vous serez les premiers à savoir à quoi vous en tenir. Il faudra vous réunir, réclamer et écrire au besoin au général Tauentzien. Je vous engage à compter médiocrement sur cette réponse, mais si vous avez des besoins, daignez m'en faire part. J'ai ici beaucoup de crédit, en raison de mon oncle qui est riche et fort connu. Je puis me procurer tout l'argent dont je puis avoir besoin. Vous me garderez seulement le secret, car sans cela je puis être exposé à bien des démarches.

Vous vous étiez monté la tête, Bouchu et vous, le jour de votre départ de Torgau ; sans cela nous aurions pu nous ménager quelques ressources. Il eût été sage de nous faire payer ce qui nous était dû. La paix, peut-être, nous tirera d'embarras. On en parle beaucoup en ce moment. Les armées sont en présence et l'on commence à s'étonner de leur inaction.

Faites mes compliments au général Bouchu et à vos trois malades du génie.

Général Brun de Villeret.

Le prince Repnine a fait venir à Dresde M. Desgenettes, et de là, l'a envoyé au quartier général de l'empereur Alexandre qui ne manquera pas de le remettre en liberté.

Le général Brun de Villeret au général Durrieu.

Berlin, 20 avril 1814.

Je ne vous ai pas écrit depuis longtemps, parce que, étant doublement prisonnier, je craignais qu'on ne trouvât mauvais que j'entretinsse des correspondances. Je suis arrêté, ainsi que le général Dutaillis, depuis le 12 mars, parce qu'on a trouvé vos fusils dans l'Elbe à Torgau. Qui les y a mis? Je l'ignore, et vous me ferez plaisir, si vous pouvez me donner quelques renseignements à cet égard. Le général Dutaillis jure ses grands dieux qu'il n'a donné aucun ordre pour une mesure de cette espèce. Je répondrais de vous et de Bouchu comme de moi-même. Vous voyez que le cercle où roulent mes soupçons est extrêmement limité. Ils sont du reste trop vagues pour me permettre d'inculper qui que ce soit.

J'ai été aux arrêts de rigueur dans le principe. Maintenant, je sors quand je veux, mais accompagné de mon gendarme. Je viens de demander d'être transféré à Leipzig, où se trouve une commission chargée de nous juger. Je n'ai vu que ce moyen d'accélérer la terminaison de cette affaire. Les événements qui viennent d'avoir lieu ne tarderont pas à nous rendre notre liberté, mais vous devez croire que nous avons peu à compter sur les promesses qui nous avaient été faites. On n'a pas voulu reconnaître l'article de la capitulation de Torgau qui nous accordait la demi-solde.

Adieu, mon cher Général; bien des choses à Bouchu et à Novilars. Vous vous êtes mal adressé pour vos compliments à notre gouverneur, car nos chiens ne chassent guère ensemble. Cependant, je lui ai fait part de votre souvenir. J'en réclame une dans votre amitié.

Général BRUN DE VILLERET.

Le général Durrieu à son père.

Reichenbach, 22 avril 1816.

On nous annonce que les communications de la Silésie avec la Gascogne sont rétablies. J'essaie donc de vous donner de mes nouvelles et de vous témoigner mon inquiétude sur votre compte. J'ai vu dans les gazettes l'occupation de Saint-Sever, le combat d'Aire, et je tremble de recevoir vos premières lettres. On dit que nous ne tarderons pas à rentrer en France. Si on me le permet, je me rendrai à Paris. Vous n'avez peut-être pas reçu de mes nouvelles depuis Dresde ! J'embrasse tous nos amis, en espérant bientôt vous revoir.

Général DURRIEU.

Le général Durrieu attendit encore plus d'un mois, après l'envoi de cette dernière lettre, l'ordre de rentrer en France, et ce n'est qu'à la fin de mai qu'il put se rendre à Paris. Les mesures prises pour le renvoi des prisonniers de guerre par le gouvernement prussien sont contenues dans la note suivante adressée au général par le gouverneur militaire de la Silésie.

Le gouverneur de la Silésie au général Durrieu.

Breslau, 17 mai 1814.

Général,

Les ordres de Sa Majesté pour la remise des prisonniers de guerre français sont arrivés ici.

Nous avons arrêté ce qui suit :

1° Les prisonniers seront formés en petits détachements de 200 à 300 hommes et se suivront de deux en deux jours.

2° Chaque détachement sera conduit par des prisonniers de sa nation. Le plus âgé prendra le commandement et sera responsable des désordres.

3° Les ordres de Sa Majesté le roi de Prusse veulent encore que les officiers supérieurs qui désireront partir directement puissent le faire à leurs frais.

Nous vous prions de vouloir bien désigner les officiers et sous-officiers qui devront marcher avec les colonnes et de nous nommer l'officier supérieur qui commandera les transports, à moins que vous ne vouliez vous-même vous en charger.

Dans le cas où vous désireriez, au contraire, partir de suite pour la France, Monsieur le Général, je vous prie de nous envoyer la liste des officiers partant avec vous, afin que nous puissions vous délivrer les passe-ports nécessaires.

Le Gouverneur militaire de Silésie,
GUNDI.

En terminant cette notice sur la défense de Torgau, nous pouvons remarquer que le service des subsistances fut très bien exécuté dans la place, puisqu'il permit aux défenseurs de résister pendant trois mois aux efforts des assiégeants. Ce temps était suffisant pour permettre aux troupes françaises de débloquer Torgau, si Napoléon avait pu prendre l'offensive après la bataille de Leipzig. Ce n'est pas à la mauvaise qualité des vivres que l'on peut attribuer la naissance des maladies qui désolèrent la ville, telles que la diarrhée et le typhus, car toutes les autorités scientifiques de l'époque, le baron Desgenettes, le chevalier Masuou, le docteur Grafe et le docteur Richter imputèrent le développement de ces maladies à la mauvaise qualité de l'eau et aux fatigues du soldat pendant la campagne de 1813. En effet, les troupes, composées en grande partie de recrues, eurent à bivouaquer pendant une saison extraordinairement pluvieuse, ce qui explique leur état d'exténuation à la fin du mois d'octobre.

Le fait d'avoir entassé six à sept mille malades dans des locaux trop restreints et souvent malsains, le manque de couvertures, la négligence des infirmiers qui ne renouvelèrent pas la paille couverte de déjections des malades, et l'avidité de plusieurs d'entre eux qui retranchèrent à leur profit une partie de la viande destinée aux soldats en traitement, sont les causes du développement rapide du typhus pendant le siège. La mortalité cessa avec l'encombrement, et le froid mit fin à l'épidémie.

L'administration de la guerre avait pris soin de passer des marchés avec des entrepreneurs pour assurer la nourriture des soldats soignés dans les maisons particulières, et chacun d'eux recevait une allocation de 1 fr. 80 c., suffisante pour faire face aux soins donnés à ces malades. On peut donc dire que de ce côté tout a été tenté pour obvier aux ravages de l'épidémie, tandis que l'insuffisance des mesures sanitaires a contribué à l'aggravation de la maladie du typhus dans la place.

Les documents que nous avons consultés pour la rédaction de cette notice sont : 1° la correspondance du général Durrieu avec les deux gouverneurs successifs de Torgau et avec les différents officiers généraux ayant pris part à la campagne de 1813 ; 2° l'*Histoire médicale du siège et de la prise de la ville de Torgau*, par le docteur Richter ; 3° les notes de Bürger intitulées : *Nachrichten über die Blockade und Belagerung der Elbe- und Landesfestung Torgau, im Jahre 1813* ; 4° l'ouvrage du colonel Augoyat sur le siège de Torgau.

Les lettres du général Durrieu nous ont été communiquées par Mme la baronne Durrieu, notre tante et nièce du général.

En 1815, le général Durrieu prit part à la campagne de Waterloo, pendant laquelle il commanda une brigade. Deux fois blessé à la bataille du 18 juin 1815, il se fit attacher sur son cheval et combattit jusqu'au dernier moment de la lutte. Le lendemain, on le trouva évanoui à côté de sa monture étendue sur le champ de bataille que nos troupes avaient si valeureusement disputé aux Anglais.

Divisionnaire en 1818, le baron Durrieu prit part à l'expédition de Morée, et fut chef d'état-major de l'armée qui opéra sous les ordres du maréchal Maison. Député des Landes en 1834 et pair de France en 1845, le général fut fait grand-croix de la Légion d'honneur en 1859.

TABLE DES MATIÈRES

PREMIÈRE PARTIE.

DEUXIÈME PARTIE.

CHAPITRE Iᵉʳ.

CHAPITRE II.

TROISIÈME PARTIE.

CHAPITRE Iᵉʳ.

CHAPITRE II.

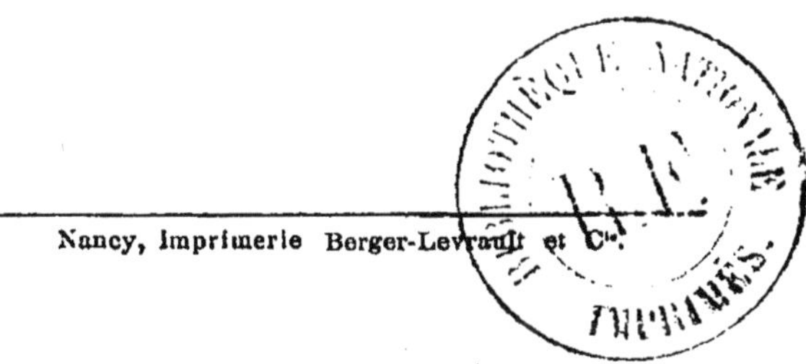

Nancy, Imprimerie Berger-Levrault et Cⁱᵉ.

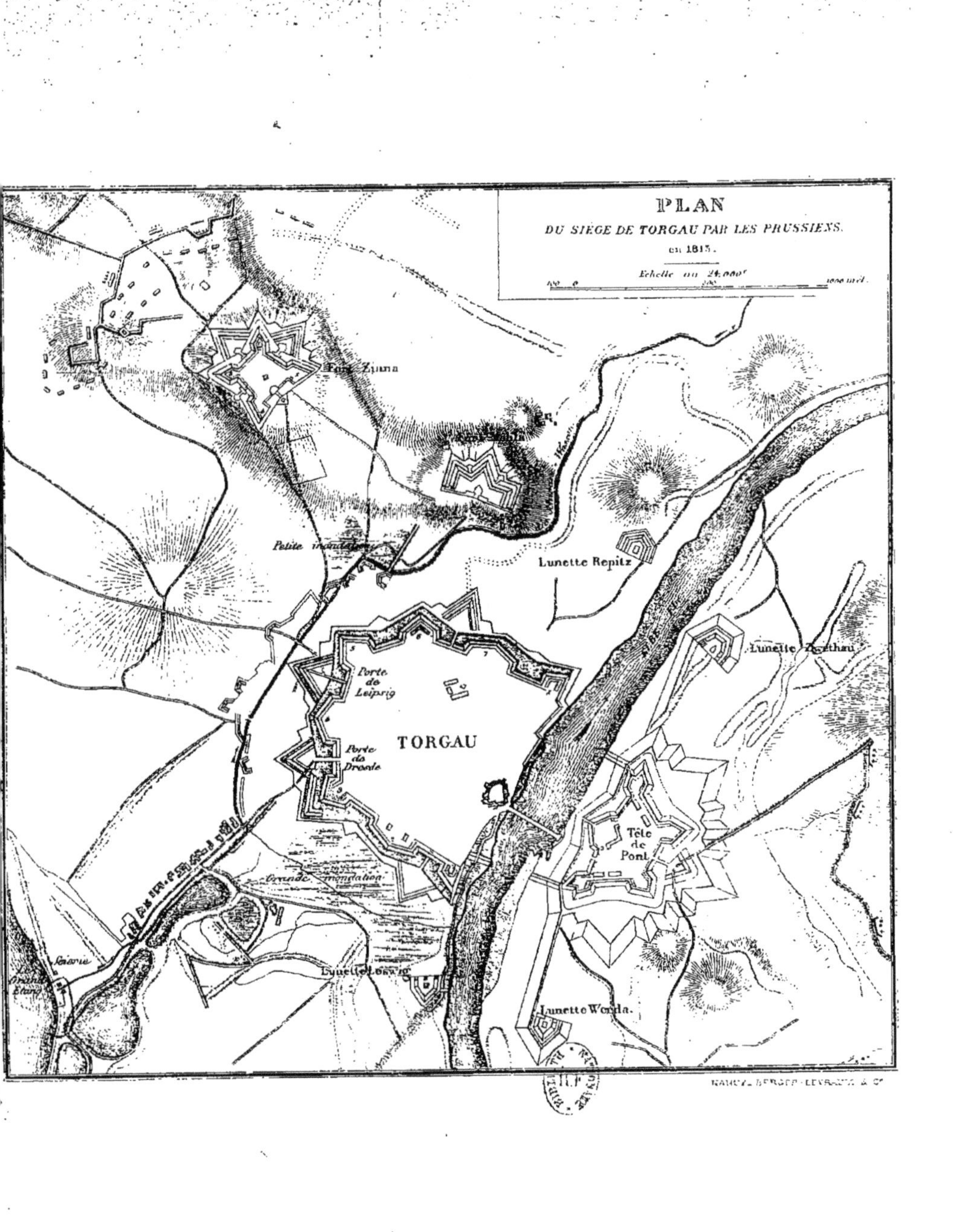

PLAN
DU SIÈGE DE TORGAU PAR LES PRUSSIENS.
en 1813.
Echelle au 24.000e
Fort Zinna
Lunette Repitz
Petite inondation
Lunette Zwethau
Porte de Leipzig
TORGAU
Porte de Dresde
Tête de Pont
Grande inondation
Lunette Loswig
Lunette Werda.
NANCY. BERGER-LEVRAULT & Cie